경제적이고
호기심 많은 가족의
# 렌터카 여행기

## 경제적이고 호기심 많은
## 가족의 렌터카 여행기

**초판 1쇄 발행** 2019년 8월 15일

**지은이** 전윤석
**펴낸이** 장길수
**펴낸곳** 지식과감성#
**출판등록** 제2012-000081호

**디자인** 장홍은
**편집** 장홍은, 이현
**교정** 김혜련
**마케팅** 고은빛

**주소** 서울시 금천구 가산동 벚꽃로 298 대륭포스트6차 1212호
**전화** 070-4651-3730~4
**팩스** 070-4325-7006
**이메일** ksbookup@naver.com
**홈페이지** www.knsbookup.com

ISBN 979-11-6275-746-8(13960)
값 12,000원

ⓒ 전윤석 2019 Printed in Korea

잘못된 책은 구입하신 곳에서 바꾸어 드립니다.
이 책의 전부 또는 일부 내용을 재사용하려면 사전에 저작권자와 펴낸곳의 동의를 받아야 합니다.

이 도서의 국립중앙도서관 출판예정도서목록(CIP)은 서지정보유통지원시스템
홈페이지(http://seoji.nl.go.kr)와 국가자료공동목록시스템(http://www.nl.go.kr/kolisnet)에서
이용하실 수 있습니다. (CIP제어번호 : CIP2019030653)

홈페이지 바로가기

경제적이고
호기심 많은 가족의
# 렌터카 여행기

호주
애들레이드 편

전윤석 지음

*Australia*

지식과감정

# Contents

• *prologue*

## PART 1 여행 준비하기

여행 전 계획 짜기 10
여행 예상 경비 18
여행 일정 짜기 20
여행 준비물 체크하기 24
유심 24
여행자보험 25
호주 비자 발급 안내 26
렌터카 준비 27
그 외 참고할 사항들 41

### PART 2 여행하기

2017. 2. 10. (금) 48
2017. 2. 11. (토) 49
2017. 2. 12. (일) 59
2017. 2. 13. (월) 69
2017. 2. 14. (화) 80
2017. 2. 15. (수) 89
2017. 2. 16. (목) 98
2017. 2. 17. (금) 104
2017. 2. 18. (토) 112
2017. 2. 19. (일) 120
2017. 2. 20. (월) 128
2017. 2. 21. (화) 142
2017. 2. 22. (수) 152
2017. 2. 23. (목) 160
2017. 2. 24. (금) 169
2017. 2. 25. (토) 175
2017. 2. 26. (일) 179

### PART 3 여행 마무리하기

여행경비 결산내역 182

epilogue

기타 부록

여행준비물 체크리스트 186
경제적인 여행을 위한 여행 TIP 188
외교부 및 긴급전화 190

## 여행을 시작하며

여행은 항상 설렌다. 특히 배낭여행은 패키지여행과 비교도 안될 만큼 다양한 재미가 있다. 낯선 사람들과 항상 일정을 함께하지 않아도 된다는 점에서 마음이 훨씬 편하다. 여행에서는 어디를 가는지도 중요하지만 한편으론 누구와 함께하는지도 중요하다. 이번 호주 여행은 누나네 식구와 함께했다. 어떤 여행그림이 그려질지 기대된다. 그러고 보면 우리 가족의 해외 렌터카 자유여행 동반자는 참 다양했다. 우리 가족을 중심으로 해서 어머니와 간 적도 있었고, 장모님, 장인어른과 간 적도 있었다.

6번째 해외 렌터카 자유여행으로는 호주 애들레이드를 가기로 했다. 처음 렌터카 여행이었던, 리아스식 해안선을 따라 나란히 이어진 해안도로가 많은 대마도에 비하면 호주에서의 렌터카 운전은 훨씬 수월하다. 하지만 여행에 있어 준비와 안전은 그 무엇보다 중요하니 만반의 준비를 해야 한다. 우리 가족의 여행은 즉흥적이면서 한편으론 체계적으로 진행되었다. 운전과 짐꾼은 주로 내가 하고, 아내는 여행 일정을 짰다. 간혹 잘못된 일정과 욕심으로 운전사를 혹사시킬 때도 있었지만, 그래도 할 만했다. 큰딸과 작은딸은 먹방, 블로그 검색, 자료 수집, 숙소 검색, 여행 기록 등을 담당했다. 무엇보다 큰 불평불만 없이 잘 따라다니는 것이 기특할 따름이다.

어디서부터 이야기를 풀어나가야 할지 모르겠지만, 렌터카를 활용한 해

*prologue*

외여행 준비 단계부터 다양한 에피소드까지 차근차근 풀어나가 본다. 우리 가족은 아이들이 어릴 때부터 여기저기 돌아다니길 시작해서 짐을 싸고 이동하는 것에 익숙하다. 따라서 좋은 장소와 아름다운 곳이 있다면 언제든지 그곳을 찾아 훌쩍 떠날 자세가 되어 있다. 여행에서 발견하게 되는 새로운 장소와 낯선 사람들과의 만남, 동행자들 간의 협동과 갈등, 소통의 기회를 마련하고, 바쁜 일상을 잠시 떠날 수 있다는 것에 대해 큰 만족을 느낀다. 물론 여행 준비 과정과 시작 단계는 늘 힘들고 어렵지만, 하다 보면 재미를 느낄 수 있다. 이것이 여행의 매력이자 자유여행의 장점이 아닐까.

지금까지 국내에서는 23개의 국립공원산행과 캠핑을, 국외에서는 일본 대마도 미우다 해변, 호주 빅토리아주 일대 단데농 레인지스 국립공원, 그램피언스국립공원에서 캠핑을, 프랑스 파리, 리옹, 아비뇽, 고흐드, 액상프로방스, 아를, 님(Nimes)과 남호주 일대, 일본 돗토리현 일대, 홋카이도 일대에서의 렌터카 여행을, 스페인 바르셀로나와 러시아 블라디보스토크에서 자유여행을 아내 그리고 두 딸과 함께했다. 아이들이 커서인지 이제는 각자의 역할을 충실하게 수행하기에 여행이 더욱 즐겁다. 사실 여행을 다녀온 직후에 여행기를 한 편의 책으로 쓰기를 결심했지만 시간이 자꾸만 흘러 그 순간의 추억과 감동은 사진을 통해 더듬어 본다.

호주
애들레이드 편

part 1

# 여행 준비하기

여행 전 계획 짜기

| D-day | 날짜 | 내용 | 비고 |
|---|---|---|---|
| D-200 | 2016. 7.26. | 가족들과 호주여행을 가기로 결정함 | |
| D-184 | 8.11. | 왕복 항공권 예약 | 인터파크투어 |
| | | 70만 원 환전, 카드 한도액 조정 | |
| | | 애들레이드에서 12일 동안 사용할 렌터카 견적 의뢰 | 12일간 1,596AUD |
| D-183 | 8.12. | 30만 원 저렴한 말레이시아 항공권 예약 | 온라인투어 |
| | | 온라인투어 항공권 선결제 완료, 사전좌석 지정 완료 | |
| | | 비자 발급 절차 관련 문자를 온라인투어로부터 받음 | |
| | | 렌터카 견적요청 | 여행과 지도 |
| D-181 | 8.25. | 여행과 지도 렌터카 견적 받음 (공항에서 픽업, 시내에서 반납) | 1,463AUD |
| D-180 | 8.26. | 여행 루트 및 일정 정하기 | 블로그 자료 활용 |
| D-153 | 9.11. | 부킹닷컴에서 숙소 예약 | Adelaide Backpackers and Travellers Inn |

| D-day | 날짜 | 내용 | 비고 |
|---|---|---|---|
| D-149 | 9.15. | 부킹닷컴에서 숙소 예약 | • Majestic Oasis Apartments<br>• DD'S B&B and Wozza's Vault Cafe |
| D-148 | 9.16. | 부킹닷컴에서 숙소 예약 | Glenelg Motel |
| | | 부킹닷컴에서 숙소 예약 수정 | Adelaide Backpackers and Travellers Inn |
| | | 부킹닷컴에서 숙소 예약 | Barossa Valley Tourist Park |
| D-147 | 9.17. | 부킹닷컴에서 숙소 예약 | Western KI Caravan Park & Wildlife Reserve |
| D-146 | 9.18. | 익스피디아에서 숙소 예약 | • Cape Jervis Accommodation & Caravan Park<br>• Rawnsley Park Station, Hawker |
| | | 부킹닷컴에서 숙소 예약 | Kangaroo Island Backpackers |
| D-145 | 9.19. | 렌터카 선불 입금 | 취소할 경우 수수료 3만 원 |
| D-144 | 9.20. | 부킹닷컴에서 숙소 예약 | 지오 호텔 쿠알라룸푸르 |

| D-day | 날짜 | 내용 | 비고 |
|---|---|---|---|
| D-111 | 10.23. | 내비게이션 신청 | |
| D-60 | 12.13. | adelaide international motel 숙소 1건 예약 후 취소 | 10,000원 취소 수수료 |
| D-40 | 2017. 1.2. | 경찰서에 가서 국제운전면허증 발급 완료 | 수수료 8,500원 (준비물: 운전면허증, 여권, 사진) |
| D-38 | 1.4. | E-PASS 및 사용료 문의 | |
| | | ① 렌터카 다시 문의<br>② 한글 내비게이션 다시 문의 | 최종 금액 확정 1,463AUD |
| | | 비자 신청 | |
| | | 여권 입력 정보 다시 확인 | |
| D-36 | 1.6. | 호주 전자비자 승인 이메일로 받음 | |
| | | kb손해보험가입 | |
| | | ① 유심칩 신청(전화유심, 데이터유심)<br>② 전자여권 비자 승인 완료 | 51,300원 |
| D-35 | 1.7. | ① 씨링크 카드 결제, 영수증 이메일로 받음<br>② 호주관광청에 자료 요청 | 택배비 3,000원 |
| D-34 | 1.8. | 호주 교통정보, 호주관광청 홈페이지 정보 수집 | 여행책자 및 아이들 워크북 제작 |
| D-33 | 1.9. | 보험증서 이메일 확인, 항공권 이티켓 출력 | |

| D-day | 날짜 | 내용 | 비고 |
|---|---|---|---|
| D-32 | 1.10. | ① 유심칩 택배 수령<br>② 통신사에 전화해서 데이터 차단<br>③ 숙소 인보이스 PDF 자료 스캔하여 책자로 제작 | |
| D-31 | 1.11. | 허츠 골드회원 번호 확인 | |
| D-29 | 1.13. | KTX표 예매 | 천안아산→인천공항 |
| D-26 | 1.16. | 지도자료, 구글 좌표, 영어명칭 찾아보기 | |
| D-25 | 1.17. | ① 책자 제작 및 운전주의사항 숙지<br>② 허츠 안내 책자 읽기, 예약한 숙소 확인 전화<br>③ 호주 지도 다운 및 기타 파일을 스마트기기에 저장<br>④ 말레이시아돈 20만 원 환전<br>⑤ 여행자료 책자 제본 | |
| | | 호주여행 관련 어플 4가지 다운 및 렌트비 최종 입금 | |
| D-24 | 1.18. | 여행 활동지 최종 책자 2권 제작 | 호주관광청 자료 |
| D-23 | 1.19. | ① 체크카드에 150만 원 입금<br>② 호주달러 120만 원 추가 환전 | 사이버환전 활용 |
| | | ① 호주 유심으로 한국에 전화하는 방법 확인<br>② 신용카드 1개 추가 준비 | |

호주 애들레이드 편 13

| D-day | 날짜 | 내용 | 비고 |
|---|---|---|---|
| D-19 | 1.23. | ① 반입 금지 물품과 신고 품목 다시 점검 및 짐 챙기기<br>② 캠핑장비는 신고품목, 진공김치팩은 신고하면 반입 가능, 텐트는 흙 제거 | |
| | | ① 국제운전면허증 및 한국면허증 지참, 신용카드, 렌터카 운전 주의사항 파일 숙지<br>② 한글 내비게이션 업체 입금완료 (277,000원) | 유튜브 영상 라운드 어바웃 운전 동영상 숙지 |
| D-18 | 1.24. | ① 일반 체크리스트 및 일정 점검<br>② 여권사진 여분, 여권사본<br>③ 호주관광청 자료 확인 | |
| D-8 | 2.3. | ① 호주관련 자료 핸드폰에 저장<br>② 감기약, 장약, 처방전 준비<br>③ 호주 교통표지판 및 운전요령 동영상 숙지 | 내비게이션 수령 |
| D-day | 2.11. | 호주 입국신고서 작성 시 유의사항 숙지 | |

# 애들레이드 주변 여행 루트

파라로위
Paralowie

모슨 레이크스
Mawson Lakes

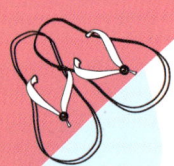
애들레이드
Port Adelaide

드리 크릭
Dry Creek

리젠시 파크
Regency Park

웨스트 레이크스
West Lakes

프로스펙트
Prospect

애들레이드
Adelaide

헨리 비치
Henley Beach

웨스트 비치
West Beach

글레넬그
Glenelg

# 캥거루섬 루트

케이프 보르다
Cape Borda

스토크스 베이
Stokes Bay

캥거루 섬
Kangaroo island

카라타
Karatta

비본 베이
Vivonne Bay

킹스콧
Kingscote

페네쇼
Penneshaw

케이브 저비스
Cape Jervis

월로비
Willoughby

드에스 트리스 베이
D'Estrees Bay

# 1. 여행 예상 경비

## 1) 여행 예상 경비(2017.02.11.~2017.02.26.)

: 약 1,200만 원(교통 + 식사 + 숙박 + 체험 + 보험 + 기타 잡비)
(1) 교통관련 총 경비: 약 827만 원
    ① 왕복 항공편: 5,431,400원 = 935,600원 × 어른 4명 + 844,500원 × 소인 2명(말레이시아 항공사)
    ② 유류비: 30만 원
    ③ 렌트비(Hertz): 11일간 약 130만 원(1,463AUD×887원)
       • TOO LUXURY VAN AUTO 8PAX(FVAR/LVAR) J.
         호주: MAX COVER + 내비게이션
       • 허츠 렌터카 한국 에이전시(여행과 지도) 전화: 02-3672-8781
    ④ 내비게이션: 한글 지원되는 가민 내비 대여(www.easyrent.co.kr), 보증금 20만 원, 사용료 약 7만 원(14일 정도)
    ⑤ 애들레이드 대중교통비: 트램(tram) 이용 시 무료이나 예비비 5만 원
    ⑥ 선적료 및 뱃삯: 617.12AUD×890원 = 약 55만 원
    ⑦ 쿠알라룸푸르 교통비: 12만 원
    ⑧ 천안 ↔ 인천(KTX 왕복): 25만 원(6인 기준)

(2) 식사비: 100만 원

　　: 한인마트나 울워스(Woolworths)에 가서 장본 것으로 요리

　　 (현금 또는 카드지출)

(3) 숙박비: 220만 원 = 205만 원(카드) + 15만 원(추가비용)

　　① 케이프저비스(187,000원 선납), 캥거루섬 카라반파크(372AUD),

　　　캥거루섬 백페커스(138AUD)

　　② 포트아우구스타(220AUD), 론스리파크스테이션(464AUD),

　　　멜로즈(180AUD), 바로사벨리(185AUD)

　　③ 그레넬그(190AUD), 애들레이드 백페커스(238AUD),

　　　쿠알라룸푸르(130,000원)

(4) 체험비 및 입장료: 약 50만 원(현금 또는 카드)

(5) 단체보험료: 약 54,200원 예상(kb 여행자보험)

(6) 기타 잡비: 51,300원(호주 유심 2개)

## 2. 여행 일정 짜기

### 1) 남호주 여행 일정 정하기

| 일 자 | 여 행 일 정 | 비 고 |
|---|---|---|
| 2017.2.11. (토) | 집 → 천안아산역 | |
| | 천안아산역 → 인천공항 | |
| | 발권, 출국 수속 및 준비, 짐 부치기 | |
| | 인천 → 말레이시아(쿠알라룸푸르 공항) | |
| | 쿠알라룸푸르 | 6시간 대기 |
| | 말레이시아(쿠알라룸푸르) → 애들레이드 | |
| 2.12. (일) | 입국수속 및 짐 찾기 | |
| | 허츠 렌터카로 이동 및 차키 수령 | |
| | 한도르프마을 | |
| | 그랜트섬 국립공원 | |
| | 숙소, 저녁 식사, 일정 점검 | |
| 2.13. (월) | 케이프 저비스 → 캥거루섬 | |
| | 차량 하선 및 정리 | |
| | 선착장 → 인포메이션 센터 | |
| | 벌꿀농장 | |
| | 킹스콧 | |
| | 플린더스 체이스 국립공원 | |
| | 씰베이 | |
| | 숙소, 저녁식사, 일정점검 | |

| 일자 | 여행일정 | 비고 |
|---|---|---|
| 2.14. (화) | 숙소 → 플린더스 체이스 방문자 센터 | |
| | 케이프 두 쿠에딕 | |
| | 애드미럴 아치, 리마커블 락 | |
| | 켈리 힐 | |
| 2.15. (수) | 리틀사하라 | |
| | 페네쇼 | |
| 2.16. (목) | 선착장 | |
| | 포트 애들레이드 | |
| | 범분가 호수 | |
| | 포트 아우구스타 | |
| 2.17. (금) | 퀀, 호크 | |
| | 플린더스 레인지 | |
| 2.18. (토) | 윌페나파운드 방문자 센터 | |
| 2.19. (일) | 퀀 | |
| | 철도마을 | |
| | 멜로즈 | |
| 2.20. (월) | 멜로즈 | |
| | 클리어 밸리 인포메이션 센터 | 자전거 대여 |
| | 세븐힐 | 라이딩 |
| | 바로사 벨리 | |
| 2.21. (화) | 제이콥스 크리크 방문자 센터 | 와인 구입 |
| | 속삭이는 벽 | |
| | 글레넬그, 제티거리 | |

| 일자 | 여행일정 | 비고 |
|---|---|---|
| 2.22. (수) | 글레넬그 → 애들레이드 | |
| | 렌터카 반납 | |
| | 빅토리아 광장, 센트럴 마켓, 런들몰 | |
| 2.23. (목) | 페스티벌 센터, 보타닉 가든 | |
| | 남호주 박물관, 애들레이드 캠퍼스, 쇼핑몰 | |
| 2.24. (금) | 숙소 → 애들레이드공항 | |
| | 애들레이드 공항 → 쿠알라룸푸르 공항 | |
| | 지오 쿠알라룸푸르 호텔 | |
| | 저녁식사 | |
| | KLCC 및 주변 쇼핑센터 | |
| | 짐정리, 픽업 준비, 교통확인 | |
| 2.25. (토) | 지오 쿠알라룸푸르 호텔 | |
| | 부킷빈탕, 파빌리온 쇼핑몰 | |
| | 숙소에서 짐 찾고 공항으로 이동 | |
| | 자유시간, 쇼핑 | |
| | 출국수속, 짐 부치기 | Tax Refund |
| | 쿠알라룸푸르 공항 → 인천 공항 | |
| 2.26. (일) | 입국수속, 짐 찾기 | |
| | 아침식사, 기차표 예약, 결제 | |
| | 인천공항역 → 천안아산역 | |
| | 천안아산역 → 집 | |

## 1. 유심

　호주에서 사용할 유심은 유심월드(http://www.usimworld.com/)에서 데이터유심과 전화유심 2종류를 신청하였다. 지금은 어떨지 모르겠지만, 호주는 우리나라보다 넓고 인터넷망이 원활하지 못해 데이터유심보다 오히려 전화유심이 유용할 수도 있다. 유심월드(온라인)에서 유심을 구매하면 택배로 받을 수 있으며, 이와 동시에 유심 사용법을 이메일로 자세히 안내받을 수 있다. 호주에서 사용할 전화번호가 이메일로 도착하는 순간 호주인이 된 것 같다. 실제로 호주에 가서 호주 유심으로 전화를 할 경우가 많지는 않겠지만, 호주에 있는 한국인이나 영사관에 전화를 할 경우에는 유용하다.

## 2. 여행자보험

보험은 의무사항은 아니지만 만일의 사태에 대비하기 위한 것이라 볼 수 있다. 여행사를 통한 단체관광 패키지 상품에는 여행자보험이 포함되어 있는 경우가 많지만 자유여행은 여행자가 직 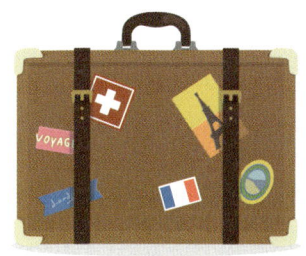 접 여행자보험을 알아보고 가입해야 한다. 무사고로 귀환한다면 상관이 없겠지만 도난, 분실, 병원에 갈 경우에는 해외여행자보험이 유용하다. 우리 가족 또한 만일의 경우에 대비해 온라인투어 홈페이지에 나온 kb손해보험에 가입하고 여행자보험을 신청했다. 해외에서 의료비를 청구해야 할 경우에는 보험금 청구서, 개인정보 동의서, 여권 사본, 현지에서 발급된 진단서(발병 일시, 진단명 포함), 진료비 계산서 영수증 및 약제비 계산 영수증이 필요하다. 도난 시에는 보험금 청구서, 개인정보 동의서, 여권 사본, 현지에서 발급된 도난사고 증명원(현지경찰서)이 필요하다. 도난사고 증명원 미발급 시에는 본인 사고 경위서, 목격자 확인서, 목격자 출입국 기록 확인서, 피해품 구입 입증자료(영수증)가 필요하다. 번거롭겠지만 이런 서류들이 구비되어 있어야 보험금을 청구할 수 있다.

## 3. 호주 비자 발급 안내

　Electronic Travel Authority(ETA)는 호주를 관광이나 상용 목적으로 방문하는 여행객들을 위한 전산비자이며, 여권에 비자 라벨이나 도장이 필요 없다. 한국을 포함한 일부 국가의 국민만이 홈페이지(www.eta.homeaffairs.gov.au)나 여행사 도움을 통해 ETA를 신청할 수 있다. ETA는 발급일로부터 1년간 유효한 복수 비자로 한 번 입국 시 90일 동안 체류가 가능하다. 아래 내용은 필자가 발급받은 전산비자 내용이다(별도의 인쇄는 필요 없다).

```
VISA STATUS       5JAN17/1353
FAMILY NAME       JEON             AUSTRALIAN GOVT
GIVEN NAMES       YOUNSEOK
PASSPORT          M*********       KOR
DATE OF BIRTH     **********       SEX M
ENTRY STATUS      UD/601 ETA
        AUTHORITY TO ENTER AUSTRALIA UNTIL 05JAN2018
        PERIOD OF STAY 03 MTHS
        MULTIPLE ENTRY
        NO WORK – BUSINESS VISITOR ACTIVITY ONLY

ETA APPROVED
```

## 4. 렌터카 준비

렌트한 차를 가지고 남호주의 캥거루 섬에 가려면 애들레이드 공항에서 렌트할 차량을 페리에 실어서 가야 한다. 선적료는 씨링크(www.sealink.com.au)라는 사이트에서 선결제할 수가 있다. 예전에 제주도 일주 및 캠핑 기억을 떠올려 예약했는데 그리 어렵지 않았다. 선적료 또한 우리나라 해남에서 제주도를 갈 때의 7인승 SUV 선적료와 비슷하다. 물론 선적료는 여러 조건에 따라 다른데 특히 할인 이벤트 가격이나 프로모션 적용에 따라 크게 달라진다.

### 1) 예약

허츠(Hertz), 에이비스(Avis), 스리프티(Thrifty), 유로카(Europcar) 등 국제적 차량 렌트 기업을 호주에서도 찾을 수 있다. 허츠에 사전 예약을 해도 되고, 현지 공항에서 차량을 렌트해도 된다(이는 호불호의 문제인 것 같다). 6번의 국제운전을 해 본 경험으로 미루어 봤을 때 가까운 일본의 경우에는 허츠가 아닌 일본 렌터카 홈페이지를 통해 직접 예약을 하는 것이 낫고, 호주나 유럽의 경우에는 여행과 지도(http://www.leeha.net/)를 통해 예약하는 것이 좋다. 허츠 에이전시를 통해 예약을 한 경우 현지에서 발생한 문제에 대한 상담을 한국에 와서도 쉽게 요청할 수 있다는 장점이 있다. 사안의 종류에 따라 다르겠지만, 허츠 에이전시는 우리나라 정서를 잘 이해하고 상담을 해 준다(보통 외국에 나가서 차량 문제로 항의할 경우 우리나라 정서와는 맞지 않는 일처리가 진행된다).

호주의 경우, 여행과 지도에서 차량을 렌트할 경우 호주 환율을 지켜보면서 현금이체를 할 수 있다는 장점도 있다. 예를 들어 호주환율이 여행 출발 2주 전까지 떨어진다면 그즈음에 입금을 해도 무방하므로 꽤 합리적이라고 볼 수 있다.

대략적인 여행 일정이 나오고 예약을 하니 허츠 렌터카 선불요금은 1,463AUD로 확정이 되었다. 렌트한 차량의 종류는 호주 현지에 가야 알 수 있다. 개인적으로 다양한 국적의 차량을 몰고 싶었지만 기아 그랜드 카니발 차량이 배정되었다. 그래도 국산 차량이고 자동차보험도 MAXIMUM COVER(최대보상보험)이며 현지에서는 도로비와 연료비만 지불하면 되었기에 만족했다. 차량 예약이 완료되었다면 즐겁고 안전한 운전을 위해 허츠 렌터카 가이드북을 숙지해야 한다. 이 가이드북에는 차량 픽업 절차, 반납 절차, 차량 운행 시 주의사항, 연료 옵션, 도로주행 팁, 교통 법규 위반 및 범칙금 등 유용한 자료가 소개되어 있다.

보험의 경우, 완전면책 제도가 있다. 무제한 보상이며 어떠한 사고에도 자기부담금 없이 보험으로 처리된다. 차량이 문제가 있는 경우에도 서류 절차만 완료되면 무상으로 동급이나 그 이상의 차량을 받을 수 있다.

허츠 홈페이지에 개인정보를 입력하고 회원가입을 하면 렌트여행 관련 서비스나 여행 팁, 쿠폰, 프로모션 상품들을 온라인상으로 받아볼 수 있다. 또한 개인 카드가 발급되어 카드를 인쇄하거나 카드 번호를 알고 있으면 해외에서도 편리하게 사용할 수 있다. 허츠 에이전시인 '여행과 지도'에서도 차량을 예약할 수도 있다.

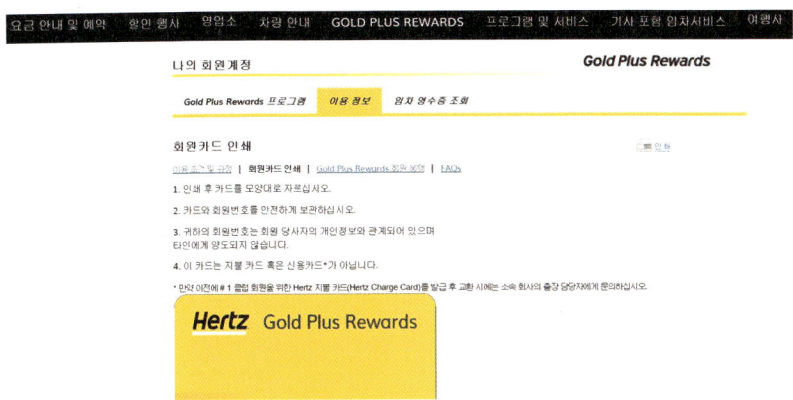

일단 현지에 가서 부딪쳐 보아야 한다. 특히 계약서를 받게 되면 잘 읽어 보고 서명을 해야 한다. 서명 자체가 모든 것을 인정하는 것이므로 한 후에는 되돌리기 어렵기 때문에 무조건 서명을 하지 말고 선입금 처리가 되었는지, 예약 시 확인한 금액과 일치하는지, 추가 금액은 없는지 꼼꼼히 확인해 보아야 한다.

## 2) 차량 픽업하기

현지 카운터 직원에게 여권, 예약확인서, 신용카드, 국내면허증, 국제면허증(국내 경찰서에서 발급)을 제출하면 된다. 사전에 대금을 완납했더라도 신용카드를 제시하여 보증금(Deposit)을 내야 한다. 보증금은 총 렌트비보다 크지만 차량 반납 후에는 자동으로 환불된다. 경우에 따라 픽업 전날 카드승인 문자가 오는 경우도 있다. 신용카드는 운전자와 일치해야 하며 허츠 골드회원의 경우에는 홈페이지의 개인 정보란에 사전 등록을 하면 된다.

공항에서 렌터카를 인수할 때에는 주입하는 연료의 종류를 꼭 확인해야 한다. 인수차량에 맞지 않는 연료를 주입하거나 혼유를 사용해 고장이 난 경우에는 개인의 책임으로 간주하므로 유의해야 한다.

| | |
|---|---|
| **직접 채워 반납 (Self-Refuelling)** | 픽업 시와 동일한 양으로 연료를 채워 반납하는 것이다. 요금 면에서는 가장 유리하다. 주유 영수증도 보관해 두어야 한다. 혼유 주입으로 인한 고장은 보험처리가 불가하므로 반드시 연료타입(휘발유/디젤)을 확인한 후 주유해야 한다. |
| **연료 선 구입 (Fuel Purchase Option)** | 연료비용을 미리 지불하는 옵션으로 연료 잔량에 상관없이 반납하는 것이다. 남은 연료에 대한 요금은 환불이 불가하므로 직접 채워 반납하는 경우보다 요금이 높을 수 있다. 연료 비용은 차량과 지역에 따라 다르며 이 옵션은 차량 픽업 시 카운터에서 신청이 가능하다. |
| **연료 충전 서비스 (Fuel and Service Charge)** | 연료를 구입하지 않은 상태에서 픽업 시보다 적은 연료량으로 반납하는 경우에는 비어 있는 만큼의 주유비와 서비스 비용이 청구된다. 요금은 임차계약서에 명시되어 있는데 상당히 높은 요금이 적용되니 유의해야 한다. |

[출처: hertz car rental guide book]

　렌터카 여행의 장점은 무엇보다도 내가 원하는 대로 현지의 구석구석을 다 가 볼 수 있다는 것이다. 사람들이 많이 붐비지 않는, 소박하면서도 아름다운 곳이 도처에 있다. 특히 4명 정도 움직일 경우 기동성이 있으며 교통비를 아낄 수 있어 가성비가 탁월하다. 물론 호주는 운전석이 우리나라와 반대이고 도로 방향도 반대라 처음엔 두렵겠지만, 적응을 하고 나면 걱정할 필요가 없다.

　특히 우리나라의 '빨리빨리' 운전 문화와 달리 호주의 운전 문화는 여유롭고 배려 있어 안심이 된다. 첫 시도는 어렵겠지만 직접 부딪쳐 보면 생각보다 어렵지 않을 것이다. 차를 빌리거나 이동하는 등의 막연한 두려움이 렌터카 여행을 머뭇거리게 하지만 직접 시도해 보면 렌터카 여행만큼 즐겁고 편안한 여행은 없을 것이다.

### 3) 내비게이션 대여 및 활용법

한글이 지원되는 가민내비에 대여 신청을 하면 택배로 내비게이션을 받아볼 수 있다. 호주 애들레이드 공항 밖에서 내비를 켜고, 얼마 후 정확한 위치를 잡는 것이 신기하다. 개인적으로 내비가 렌터카 여행에서 제일 중요하지 않을까 싶다. 물론 렌터카 자체에도 영어판 내비가 있지만 한국어판 내비를 함께 사용하면 더욱 편리하다. 경우에 따라서는 한국에서 가져온 내비가 더 정확한 경우도 있다. POI의 '줌(Zoom)', '주변정보(Nearby)' 기능을 활용할 경우 예약한 목적지 주변의 주유소나 상점 등을 손쉽게 찾아갈 수 있다. 우편번호(Zip code)나 구글 좌표명만 입력해도 정확하게 찾아가는 것이 신기할 따름이다. 고속도로를 선택할 경우에는 Motorway, 국도를 선택할 경우는 Avoid Toll을 체크하여 검색하면 된다.

## 4) 내비게이션에 입력할 남호주 목적지 구글 좌표

| 날짜 | 목적지 주소 | zip code | 구글 좌표 | 비고 |
|---|---|---|---|---|
| 2.12. (일) | Sir Donald Bradman Dr, Adelaide Airport SA | 5950 | 34°56'05.4"S 138°31'42.7"E | 애들레이드 공항 허츠 영업소 |
| | 1c/151 Glynburn Rd Firle SA | 5070 | 34°54'12.7"S 138°39'25.5"E | 한인마트 |
| | Adelaide Hills Visitor Information Centre, 68 Mount Barker Rd., Hahndorf SA | 5245 | 35°01'44.5"S 138°48'36.4"E | 한도르프 인포메이션 센터 |
| | Victor Harbor Visitor Information Centre, 1 Esplanade, Victor Harbor SA | 5211 | 35°33'25.6"S 138°37'28.1"E | 빅터하버 인포메이션 센터 |
| | Granite Island Recreation Park, 1 Granite Island Rd, Victor Harbor SA | 5211 | 35°33'45.0"S 138°37'47.4"E | |
| | Coles Express Victor Harbor 165 Hindmarsh Rd, Victor Harbor SA | 5211 | 35°33'03.7"S 138°37'23.4"E | 빅터하버 근처 주유소 |
| | Cape Jervis Accommodation & Caravan Park, 9351 Main S Rd, Cape Jervis SA | 5204 | 35°36'18.9"S 138°07'41.0"E | 숙소1 |
| 2.13. (월) | Cape Jervis, B23, Cape Jervis SA | 5204 | 35°36'22.7"S 138°05'39.5"E | 씨링크 터미널1 |

| 날짜 | 목적지 주소 | zip code | 구글 좌표 | 비고 |
|---|---|---|---|---|
| 2.13. (월) | Lot 89, North Terrace, Penneshaw SA | 5222 | 35°43'01.3"S 137°56'32.2"E | 씨링크 터미널2 |
| | Kangaroo Island Gateway Visitor Information Centre, LOT 3 Howard Dr, Penneshaw SA | 5222 | 35°43'12.3"S 137°56'00.8"E | 캥거루섬 인포메이션 센터 |
| | Kingscote, South Australia | 5223 | 35°39'16.2"S 137°38'22.1"E | 킹스콧 |
| | Emu Bay, South Australia | 5223 | 35°35'39.7"S 137°32'39.7"E | 에뮤베이 |
| | Stokes Bay, South Australia | 5223 | 35°37'48.8"S 137°11'22.9"E | 스톡베이 |
| | Western KI Caravan Park, 7928 S Coast Rd, Karatta SA | 5223 | 35°57'38.6"S 136°48'36.1"E | 숙소2 |
| 2.14. (화) | Flinder's Chase National Park Visitor Centre, Flinders Chase SA | 5223 | 35°57'06.0"S 136°44'10.9"E | 플린더스 체이스 방문자 센터 |

호주 애들레이드 편 33

| 날짜 | 목적지 주소 | zip code | 구글 좌표 | 비고 |
|---|---|---|---|---|
| 2.14. (화) | Cape Du Couedic Hike, Flinders Chase SA | 5223 | 36°03'25.9"S 136°42'17.8"E | 케이프 두 쿠에딕 |
| | Admirals Arch, Flinders Chase SA | 5223 | 36°03'48.7"S 136°42'17.6"E | |
| | Remarkable Rocks S Coast Rd, Flinders Chase SA | 5223 | 36°02'55.4"S 136°45'26.0"E | |
| | Kelly Hill Conservation Park Visitor Centre, Karatta SA | 5223 | 35°58'43.0"S 136°54'23.8"E | 켈리 힐 방문자 센터 |
| | Hanson Bay Wildlife Sanctuary, S Coast Rd, Karatta SA | 5223 | 35°58'03.8"S 136°49'01.5"E | 한센베이 |
| 2.15. (수) | Little Sahara, Vivonne Bay SA | 5223 | 35°57'08.5"S 137°14'45.5"E | 리틀 사하라 |
| | Seal Bay Conservation Park, 1140 Seal Bay Rd, Kangaroo Island SA | 5221 | 35°59'32.5"S 137°19'07.9"E | 씰베이 |
| | Kangaroo Island Backpackers – Hostel, LOT 43 North Terrace, Penneshaw SA | 5222 | 35°43'02.2"S 137°56'21.5"E | 숙소3 |

| 날짜 | 목적지 주소 | zip code | 구글 좌표 | 비고 |
|---|---|---|---|---|
| 2.16. (목) | Farmer Joe's Fresh Food Barn 31 Quebec St, Port Adelaide SA | 5015 | 34°50'43.4"S 138°30'12.2"E | 포트 애들레이드 |
| | Majestic Oasis Apartments, Marryatt Street, Port Augusta, SA | 5700 | 32°29'20.0"S 137°45'47.1"E | 숙소4 |
| 2.17. (금) | Flinders Ranges Visitor Information Centre, Quorn Railway Station, Railway Terrace, Quorn SA | 5433 | 32°20'42.3"S 138°02'29.1"E | 플린더스 인포메이션 센터 |
| | High St & West Terrace, Parachilna SA | 5730 | 31°07'56.7"S 138°23'42.6"E | 프레이리 호텔 |
| | Wilpena Pound Visitor Information Centre Flinders Ranges | 5434 | 31°31'37.8"S 138°36'22.7"E | 윌페나 파운드 방문자 센터 |
| | Rawnsley Park Station, Old Wilpena Rd, Hawker SA | 5434 | 31°38'39.4"S 138°34'45.5"E | 숙소5 |
| 2.18. (토) | Wilpena Pound Visitor Information Centre Flinders Ranges | 5434 | 31°31'37.8"S 138°36'22.7"E | 윌페나 파운드 방문자 센터 |
| 2.19. (일) | Railway Terrace Quorn SA | 5433 | 32°20'38.6"S 138°02'38.2"E | 철도마을 |

| 날짜 | 목적지 주소 | zip code | 구글 좌표 | 비고 |
|---|---|---|---|---|
| 2.19. (일) | DD's Old Bank House Bed & Breakfast and Wozza's Vault Cafe 10 Stuart St, Melrose SA | 5483 | 32°49'34.1"S 138°11'15.2"E | 숙소6 |
| 2.20. (월) | Clare Valley Visitor Information Centre 8 Spring Gully Rd, Clare SA | 5453 | 33°51'59.3"S 138°37'17.0"E | 클레어 벨리 방문자 센터 |
| | Sevenhill SA | 5453 | 33°53'10.0"S 138°37'38.0"E | 세븐힐 |
| | Auburn SA | 5451 | 34°01'38.6"S 138°41'07.5"E | 오번 |
| | Kapunda Visitor Information Centre 53 Main St, Kapunda | 5373 | 34°20'26.8"S 138°54'54.5"E | 카푼다 방문자 센터 |
| | Barossa Valley Tourist Park Penrice Rd, Nuriootpa SA | 5355 | 34°28'12.5"S 139°00'11.9"E | 숙소7 |
| 2.21. (화) | The Barossa Visitor Information Centre 66-68 Murray St, Tanunda SA | 5352 | 34°31'29.3"S 138°57'32.0"E | 바로사벨리 인포메이션 |
| | whispering wall 65 Whispering Wall Rd, Williamstown SA | 5351 | 34°38'44.4"S 138°50'49.7"E | 속삭이는 벽 |

| 날짜 | 목적지 주소 | zip code | 구글 좌표 | 비고 |
|---|---|---|---|---|
| 2.21. (화) | Jacob's Creek Visitor Centre 2129 Barossa Valley Way, Rowland Flat SA | 5352 | 34°33'53.0"S 138°56'00.2"E | 제이콥스 크릭 |
| | Gawler Visitor Information Centre 2 Lyndoch Rd, Gawler SA | 5118 | 34°35'48.5"S 138°44'59.2"E | 골러 방문자 센터 |
| | Glenelg Motel 41 Tapleys Hill Rd, Glenelg North SA | 5045 | 34°58'19.9"S 138°30'59.3"E | 숙소8 |
| 2.22. (수) | Adelaide Backpackers and Travellers Inn 262 Hindley St, Adelaide SA | 5000 | 34°55'23.7"S 138°35'22.8"E | 숙소9 |
| | Hertz, 125 NORTH TERRACE, Adelaide SA | 5000 | 34°55'22.1"S 138°35'47.8"E | 애들레이드 허츠 |
| | The University of Adelaide, North Terrace, Adelaide SA | 5005 | 34°55'14.4"S 138°36'24.6"E | 애들레이드 대학 |

### 5) 호주 교통규칙

(1) 속도

호주는 우리나라와 달리 운전석이 오른쪽에 있고 도로상에 라운드어바웃이 많다는 것이 특징이다. 고속도로를 제외한 대부분의 도로가 폭이 좁고 노면이 불규칙하며 좌우굴곡이 심하여 과속은 매우 위험하다. 이 때문에 호주의 모든 지역에서 과속운전을 엄격히 규제하고 있으며 위반사항에 따라 과중한 벌금이 부과될 수도 있고 경찰에 의해 체포될 수도 있다. 호주에서의 과속 벌금은 한국보다 비싸며 제한속도 초과 시 ㎞당 벌금이 다르게 책정되므로 항상 주의해야 한다. 보통 시내 지역에선 시속 50㎞를 넘지 말아야 하며 시외 지역에선 60~120㎞까지 속도를 낼 수 있으나 속도 표지판이 확인되지 않은 상태에선 항상 규정 속도를 지키는 것이 안전하다. 고속도로에는 속도카메라가 후방에서 단속한다. 또한 공휴일에는 평일보다 2배 정도의 벌금을 부과하는 주도 많다.

(2) 라운드어바웃

호주에서는 특히 '라운드어바웃'에 유의해야 한다. 회전교차로 진입 전에 왼쪽 차선에 차량이 있다면 왼쪽 방향지시등을 켠 채 좌회전하거나 직진을 하면 되고, 오른쪽 차선에 차량이 있다면 오른쪽 방향지시등을 켠 채 진입을 하고 방향지시등을 계속 유지하며 빠져나가려는 차선에 도달하기 전까지 우회전을 한다. 나가려는 곳에 도달하면 다시 왼쪽 방향지시등을 켜고 빠져나간다. 우회전 시 바깥쪽으로 돌고 있는 차량은 절대 우회전할 수 없고 우회전 시에는 라운드어바웃의 중심에 가장 가까운 차선을 이용해야 하며 안쪽 차량과 충돌이 예상될 경우에는 계속하여 돌면서 빠져나갈 기회를 봐야 한다.

[출처: 호주 NSW 정부기관 홈페이지 'NSW: Transport Roads & Maritime Services']

(3) 도로상태

또한 호주 내 대부분의 도로에 깔려 있는 흙이나 모래는 매우 위험하다. 호주의 비포장 도로 표면의 흙이나 모래는 작은 구슬과 같아서 주행 중 약간만 핸들을 돌려도 미끄러지며 차량이 속도를 낼 경우 통제가 어려워 브레이크 사용 시 전복될 우려도 있다. 호주 내륙 깊숙한 사막지대(아웃백)에 갈 경우, 지도에 표시된 포장도로 이외의 비포장 샛길에는 어떤 경우에도 진입해선 안 된다. 샛길로 들어가 사고가 나거나 길을 잃게 되면 구조를 기대할 수 없다.

(4) 날씨

우기 전후에 내륙지역을 여행할 경우 출발 전 반드시 일기예보와 관광안내소 등에서 여행 지역에 대한 정보와 조언을 들어야 한다. 갑자기 내리는 집중호우 또는 악천후로 도로가 막히거나 침수되어 장기간 고립 또는 조난을 당할 수 있기 때문이다.

[참고: hertz car rental guide book]

(5) 호주의 교통표지판

[출처: 호주관광청]

## 5. 그 외 참고할 사항들

### 1) 호주 반입 금지 품목

호주에 내리기 전에 작성해야 하는 입국신고서는 법적인 서류이다. 음식물, 식물 또는 동물제품을 소지하고 있는 경우에는 반드시 입국신고서의 '예'란에 표시해야 한다. 신고하지 않은 물품은 공항 터미널에 비치되어 있는 검역 수거 통으로 들어가 폐기된다. 신고하지 않고 폐기도 하지 않은 짐이 엑스레이 투시검사, 직접검사 또는 검역견 탐지팀에 의해 발각될 경우 적발과 동시에 200달러 이상의 벌금 또는 기소로 6만 달러 이상의 벌금형과 징역 10년형의 위험에 처할 수 있다. 물품을 신고한 경우에는 처벌을 받지 않는다. 우리 가족도 호주 첫 방문 때 아찔했던 입국경험이 있는데 자세한 이야기는 여행 줄거리에서 다시 하기로 한다.

(1) 반드시 신고해야 하는 품목
① 살아 있는 동물과 동물제품: 가죽, 모피, 깃털, 뼈, 상아, 박제동물, 꿀벌제품, 녹용, 사슴피 등
② 식물제품: 나무제품과 한방약, 장식품, 식물재료, 대나무, 등나무, 생화 등
③ 기타 제품: 생물학적 표본, 레저 캠프 장비, 낚시 장비

(2) 반입 금지 품목
① 음식물: 상업용으로 제조된 식품, 조리된 식품, 날 음식, 기내식, 기내 제공 음식류 등
② 유제품, 달걀제품, 청과물, 씨앗, 견과류, 살아 있는 식물, 동물성 제품, 살아 있는 동물 등

입국심사를 마치고 수하물을 찾으면 세관신고서를 작성해야 한다. 호주의 세관검역은 다른 국가들보다 좀 더 까다로운 편이라 정직하게 세관신고서를 작성해야 한다. 심사관이 세관 신고할 것이 있냐고 물어봤을 때 신고할 물품이 있다면 레드 라인에 서고, 없다면 그린 라인에 서야 한다. 이동한 후 'Customs duty payment'라는 표지판을 따라가면 된다.

(3) 참고 사이트

www.australia.gov.au
호주 정보기관 및 업무 관련 웹사이트

www.austrac.gov.au/travellers
AUSTRAC 웹사이트

www.customs.gov.au
호주 정부 세관 및 국경보호청 웹사이트

www.immi.gov.au
이민국(호주 입국 및 체류 보호 관련 웹사이트)

www.agriculture.gov.au
농무부(검역 관리)

## 2) 호주의 기후 및 특징

(1) 기후

남호주의 내륙 지방은 덥고 건조하며, 남부와 해안 지방은 온화하고 습한 날씨를 보인다. 남호주의 주도인 애들레이드의 겨울은 온화하고 습하며, 여름은 매우 덥고 건조하다. 그래서 여름 평균 강우량이 20mm 수준이며, 평균 최고 기온은 여름에는 29°C, 겨울은 15~16°C이다. 가을(3월~5월)은 애들레이드를 방문하기에 가장 좋은 계절이다. 평균 기온은 12° 정도이다. 일조량이 많고 온화하며 쾌적한 날씨가 이어진다. 우리가족이 방문했던 여름(12월~2월)은 해변을 거닐기 좋은 시기였다.

(2) 특징

애들레이드의 근교를 간단히 소개하자면, 먼저 바로사 밸리를 들 수 있는데 이 바로사 밸리의 여름은 화창하고 따뜻하며 밤은 야외에서 식사를 하기에 딱 좋을 정도로 선선하다. 날씨가 화창한 봄에는 산책이나 트레킹을 하기 좋다. 낮에는 가볍게 입되 밤에는 가벼운 외투를 준비하는 것이 좋다. 가을엔 포도원을 따라 펼쳐지는 단풍이 장관이다.

캥거루섬은 계절에 상관없이 언제든 방문하기 좋다. 여름에는 황금빛 초원과 야생화가 만든 멋진 경치를 감상할 수 있다. 계절에 따라 다른 야생동물, 야생화 등을 확인할 수 있다. 해변에서는 수영, 다이빙 등을 즐길 수도 있다.

문명 지역과 떨어진 플린더스 레인지와 아웃백에선 모든 것을 스스로 해결해야 한다. 외딴 섬과도 같은 이곳에서는 태초의 지구를 느껴볼 수 있다.

클레어 밸리(Clare Valley)는 호주에서 가장 오래된 와인 산지로 리즐링의 원산지이다. 이외에도 남호주의 주도인 애들레이드를 기준으로 동서남북에 가 볼 만한 곳이 많다.

[참고: 호주관광청 홈페이지]

호주
애들레이드 편

part 2

# 여행하기

## 2017. 2. 10. (금)

여행 전날, 누나와 조카가 KTX를 타고 천안에 도착했다. 여행 당일 울산에서 오는 것은 굉장히 힘들 것 같아 전날 천안에서 하룻밤을 자고 움직이기로 했다. 조카는 천안에 내린 눈을 보고 꽤나 신기해한다. 울산에서는 이렇게 많은 눈을 본 적이 없다며 연신 감탄사를 내뱉는다. 천안에서는 겨울에 늘 보는 것이 눈이라 지겹지만, 울산에서만 쭉 살아온 누나와 조카에게는 눈이 굉장히 신기한가 보다. 자기 전, 여행캐리어를 다시 점검했다. 가장 중요한 것은 여권 그리고 가족구성원들의 건강 상태이다. 지금은 모두 ok!

내일을 기약하며 일찍 잠을 청한다.

### 2017. 2. 11. (토)

**여행 1일차**
천안 → 인천 → 말레이시아 쿠알라룸푸르 → 애들레이드 공항

드디어 날이 밝았다.

오전 5시. 아침 일찍 일어나서 씻고, 짐을 챙겼다. 아이들은 조금만 더 재우기로 했다. 아침식사는 공항에 도착해서 먹기로 했다. 아이들이 서서히 일어났고, 준비를 완료했다. 봄방학이 시작되어 공항이 여행객으로 붐빌 수 있고, 11시 출발 비행기였기 때문에 적어도 9시까지는 인천공항으로 가야 했다. 천안아산역에서 인천공항으로 가는 KTX는 7시 11분에 출발한다. 천안아산역으로 가기 위해 콜택시 2대를 부르기로 했다. 우리가 계획했던 시간보다 5분 정도 늦었지만 그래도 아이들이 잘 따라주어 다행이었다. 떠나기 전, 마지막으로 짐과 집의 상태를 점검했다. 무엇보다 전기, 보일러는 외출 상태로 켜두고 가기로 했다. 오래전 한겨울에 유럽으로 배낭여행 갔을 때 집의 보일러를 완전히 끄고 갔다가 대형사고가 난 적이 있었다. 수도관이 동파되어 부엌 쪽 배관이 터져서 아랫집에 누수현상이 생긴 것이다. 결국 자비를 들여 배관교체공사를 했다. 이때의 경험 때문에 겨우내 집을 비울 때는 보일러를 외출 상태로 켜두고 가는 것을 잊지 않는다.

짐이 생각보다 많지는 않았다. 캐리어나 배낭은 각자 1개 이상 준비했다. 호주는 현재 한여름이 지나 더위가 차츰 덜해지는 시기라서 여행하기에 적당할 것이다. 지난달까지 40℃ 이상의 폭염이 이어졌는데 지금은 기

온이 다소 내려갔다. 한겨울인 우리나라와 날씨가 정반대인 곳으로 간다는 것이 신기하다. 한편 호주의 여름은 우리나라처럼 덥지만 습하지는 않고 건조하다. 낮에는 덥지만 해가 진 후에는 선선하고 쾌적하다.

천안아산역에서 KTX를 타고 예정한 시간에 인천공항에 도착했다. 말레이시아 항공권 발권 및 짐을 부치기 위해서 E 카운터로 이동을 했다. 예상했던 대로 줄이 다소 길었다.

우리 항공권은 말레이시아 쿠알라룸푸르를 경유하여 최종 목적지인 호주 애들레이드에 다음 날 도착한다. 그래서 말레이시아만 가는 손님도 있고, 말레이시아를 거쳐 호주를 가는 손님을 태울 수도 있다. 카메라, 여권 그리고 각자 중요한 가방만 남기고 모두 부쳤다. 짐을 부치고 나니까 몸이 훨씬 홀가분하다. 출국 수속을 위해 이동했다. 아이들은 배가 고플 텐데 보채지 않고 잘 따라온다. 예전에 누나네 식구와 일본 여행을 갔을 때는 아이들이 미취학 아동이라서 너무 힘들었던 기억이 있다. 가져가는 짐도 많지만 아이들이 힘들다고 보챌 때 더욱 힘이 들었다. 지금은 아이들이 중학교 1, 2학년으로 많이 성장하여  그때보다 훨씬 수월하다. 이제는 각자의 짐은 본인이 챙기며, 사진을 찍고 기록도 한다.

짐 검사 및 출국수속 후 공항 트램을 타고 112번 게이트로 이동하였다. 예상했던 대로 공항 지하 트램에 타는 승객이 무척 많았다. 반대편 터미널에 도착한 후 112번 게이트로 이동하였다. 아이들뿐만 아니라 나도 배가 고파온다. 112번 게이트 주변 '잠바주스'에서 베리마치 2잔, 샌드위치 1개, 크루아상 2개와 물을 구입했다. 11시 출발 비행기라 탑승하면 곧 점심이 나올 것이다.

비행기는 다소 지연이 되어 조금 늦게 출발했다. 나는 창가 쪽에 앉아 밖을 보았다. 하늘이 맑다. 어른인 나조차 곧 출발한다는 생각에 마음이 설렌다. 아이들도 신이 났다. 나는 겨울마다 고생하는 손가락 피부염의 사진을 찍어 두었다. 호주를 갔다 오면 어떻게 되어 있을지 궁금해진다. 드디어 점심이 나왔다. 말레이시아 항공의 식사는 마음에 들었다. 한식에 맞게 반찬도 갖추어 나왔다. 고기볶음, 밥, 빵, 케이크, 옥수수볶음 등등 무엇보다 농협에서 만든 포장 김치가 맘에 든다. 호주에 가면 먹기 힘든 반찬이라서 양껏 먹어두기로 하였다. 식사 후 영화를 2편 정도 보다가 잠깐 잠이 들었다. 깨어 보니 잠시 후 말레이시아에 도착한다는 안내방송이 나온다. 창밖을 보니 열대 야자수가 펼쳐져 있다. 한국에서는 추위에 떨었는데 말레이시아는 현재 33℃라고 한다. 아직은 갈 길이 멀다. 말레이시아 공항에 도착 후, 아이들은 덥다며 두꺼운 옷을 벗고 배낭에 챙겨간 가벼운 옷으로 갈아입었다. 나도 두꺼운 바람막이를 벗었더니 움직이기가 훨씬 수월하다. 이 와중에도 막내딸은 '기록하는 사람'으로서의 역할에 충실하다. 한 벌씩 옷을 벗어서 모두 다 반팔이다. 두꺼운 옷을 한 벌 챙기는 것보다 여러 겹의 옷을 입고 하나씩 벗는 것이 효율적이다. 비행기를 타면 다시 추워지기 때문이다.

말레이시아에서는 6시간 정도 대기한다. 저녁을 먹고 밤 비행기를 다시 타면 내일 아침 호주 애들레이드에 도착한다. 쿠알라룸푸르 공항도 인천공항만큼 넓은 국제공항이다. 트램을 타고 이동하는 시스템은 인천공항과 비슷해 보인다. 호주 여행을 끝내고 돌아올 때도 이 공항을 이용한다. 돌아오는 날 여기서 국제적인 큰 사건이 일어난다. 공항에서의 국제적인 사건이나 이슈라 하면 여러 가지 있겠지만, 테러가 가장 흔하다. 그날 역시 테러 사건이 일어났다. 김정은 형인 김정남을 신경독극물을 이용해 암살한 사건이 일어나 공항을 폐쇄해야 한다는 이야기까지 나왔다고 한다. 물론 우리는 이 사건이 있었던 날 얼마 후에 이 공항을 통해 출국했다. 이외에도 파리총격테러사건 직후의 유럽여행이나, 프랑스 고속도로에서 자동차 고장 사고, 일본여행 직후 홋카이도 대지진 등등의 사건이 있었지만 운좋게 잘 다녀온 것에 감사하다. 한국에 있는 부모님이나 지인들이 항상 걱정하지만 늘 우리의 답변은 한결같다. 그렇게 생각하면 어디든 가기가 힘들며, 한국에도 사건사고가 많다고 얘기한다. 그럴지라도 물론 해외에서는 늘 조심하고 있다.

저녁식사로 아이들은 햄버거를, 매운 것을 좋아하는 아내와 누나는 매운 맛의 똠양 스페셜 수프를, 난 다소 순한 비프볼 누들을 먹었다. 여기 음식은 향이 강하고 특이하다. 식사를 마친 후 우리는 공항라운지의 소파에서 대기하기로 하였다. 항상 밖에 나오면 긴장을 해야 한다는 원칙을 가진 나에게 큰 사건이 일어났다. 여행에서 큰 사건이라 하면 개인차는 있겠지만 소지품을 잃어버리는 것만큼 큰 것이 있을까? 그것도 여행 첫날부터 말이다. 그야말로 '멘붕'이다. 화장실에 잠시 들어갔을 때 카메라를 벽에 걸어둔 채 그냥 나와 버린 것이다. 그것도 한참 후에야 알아차렸다. 조카가 나에게 '삼촌 카메라는요?' 하는 순간 화들짝 놀라 멍한 상태가 되었고, 급히 화장실로 뛰어갔다. 그 칸에 사람이 있어 멈칫했지만 용기 내어 떨리고 간절한 목소리로 노크 후, "Excuse me. please help me. I find my missing camera!"라고 했다. 하지만 돌아오는 답변은 "No. there is not camera." 당황스럽고 내 자신이 원망스러웠다. 하지만 여기서 포기할 수는 없었다. 카메라 속에 담긴 여행 사진들이 정말 소중했고, 여행 사진을 찍을 카메라를 잃어버리고 간다면 여행 내내 기분이 우울할 것 같았다. 어떻게든 카메라를 찾고 싶었다. 남은 시간은 1시간여. 하지만 마땅한 해결책이 없었다. '누군가가 내 물건을 찾아준다면 좋겠지만 이 넓은 공항에서 어떻게 찾지?' 하고 생각하는 순간 화장실 입구에 123040번호의 CCTV가 보였다. 바로 인포메이션 센터에 가서 CCTV에 찍힌 영상으로 내 카메라 행적을 쫓기로 했다.

정말 다행스럽게도 인포메이션 센터의 분실물 코너에 내 카메라가 보였다. 원래 내 물건을 잃어버렸다가 다시 찾았을 뿐인데 너무 기뻤다. 안내원이 카메라의 회사가 어디인지 물었다. 나는 너무 당황해서 바보같이 '소니'라고 잘못 말했다. 내 것은 캐논인데! 손가락으로 카메라를 가리키며 "내꺼 맞아요. This is my camera!"라고 외쳤다. 안내원은 웃으면서 내 카메라의 사진파일을 넘겨본 후 건네주었다. 분실물 신고서에 내 이름을 서명하고 카메라를 받았다. 다행히 카메라를 찾았고 다행스러운 마음으로 가족들이 있는 곳으로 갔다.

해맑게 웃으면서 달려오는 아이들을 보니 기쁘다. 앞으로 중요한 물건은 일행에게 맡기거나 화장실에 둘 때는 눈에 보이는 곳에 걸어두는 것이 좋을 것 같다.

밤 10시 20분, 애들레이드로 가는 비행기가 이륙했다.

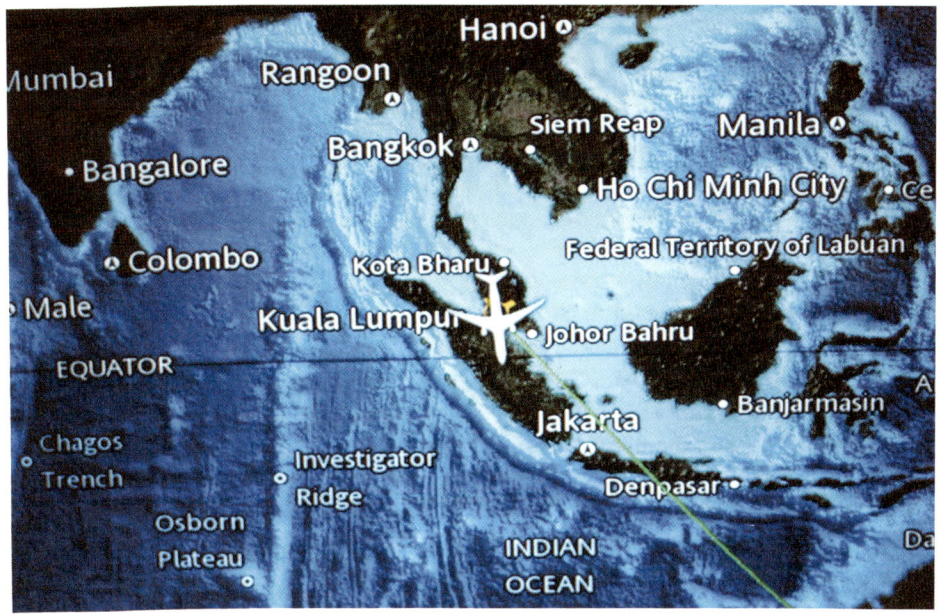

　내일 아침 7시 55분에는 애들레이드 공항에 도착할 것이다. 타자마자 야식으로 기내식이 나왔다. 아이들은 졸린지 먹지 않았다. 나는 간단히 먹고 잠을 청하기로 했다. 잠에서 깨니 도착을 알리는 메시지가 나온다. 비행기 모니터 지도를 보니 우리가 갈 장소들이 한눈에 보였다(애들레이드, 캥거루섬, 플린더스 레인지 등등). 바깥 날씨는 흐리다. 내려서 짐 검사 및 입국 심사를 해야 한다. 청정을 자랑하는 호주는 검역이 까다롭기로 유명하다. 예전에 호주 멜버른공항에서 있었던 일인데, 검역견이 막내딸의 가방에 코를 박고 연신 냄새를 맡더니 햄버거를 발견한 것이다. 육고기는 없다고 신고서를 작성했는데 막내가 가방에 기내식을 넣은 채로 내렸던 것이다. 그때 검역원이 벌금이 얼마라고 하면서 엄청난 경고를 하였다. 그때 순간 졸았던 기억이 있어 지금도 잊을 수 없다. 늘 긴장을 해야 한다. 예상대로 줄이 길었고 검역이 까다로웠다. 우리가 준비한 음식 중에서 말린 고기가 들어간 일회용 국 종류가 약간 걱정이 되었다. 줄을 서서 계속 기다리니 조카가 자꾸 보챈다. 그래서인지 호주 아주머니 검역원이 다가와서 패밀리냐고 물으며 검역한다. 우려한 대로 된장국, 미역국 일회용 건조식품을 찾아서 무엇인지 묻기에 아내가 가볍게 '코리안 스낵'이라고 하니 별 문제없이 통과시켜 주었다. 아무래도 아이들이 많고 어려 보여 배려해 준 느낌이 든다. 우리 뒤에 서 있던, 혼자 온 여행객은 꼼꼼하게 검사를 한다. 운 좋게 공항 밖으로 나왔다.

검역이 생각보다 빨리 끝나게 되어 너무 좋았다. 이제 렌터카 업체 '허츠'로 가서 렌트한 차를 가져오면 된다. 그리 멀지 않다. 날씨가 흐려서 인지 아침 공기는 꽤 선선하다. 우리가 한국 사람이라서인지 아니면 호주에 한국 차량이 흔해서인지 카니발을 준다. 우리는 한국에서 미리 허츠 에이전시를 통해 내비와 렌터카를 예약하고 선지불까지 완료한 상태였다. 예약 후 환율추이를 살펴보면서 환율이 낮을 때 선입금하면 경제적이고, 맥시멈 커버 보험을 모두 포함시켜서 가는 것도 안전과 경비절감에 유리하다.

## 항공권 저렴하게 구입하기

여행 TIP 1

여행경비에서 가장 큰 비중을 차지하는 것은 항공권 구입일 것이다. 그래서 인터파크, 온라인투어, 스카이스캐너, 하나투어, 항공사 홈페이지 등등에 여러 번 들어가서 확인해 봐야 한다. 밤에 확인해 보면 좋은 항공권이 뜨기도 하나 미끼상품도 간간히 있다. 따라서 여행사나 항공사에 직접 전화를 걸어 실제로 항공권이 있는지, 사이트상의 가격이 맞는지 등을 꼼꼼히 물어보는 것이 좋다. 결론부터 말하면, 직항과 국적기는 비싸다. 그렇다고 우리나라 항공사가 나쁘다고 평가하는 것은 아니다. 여행사의 패키지여행이 아니고 자유여행이라면 외국을 경유하는 항공편을 이용하는 것도 좋다. 예를 들면 쿠알라룸푸르나 도쿄를 가기 위한 직항 항공권을 따로 구입하지 않고 도쿄나 쿠알라룸푸르를 경유하는 항공권을 구입한 후 도쿄나 쿠알라룸푸르에서 1박 체험을 하는 것이다.

## 자리 및 편의서비스 미리 선택하기

여행 TIP 2

항공사별로 차이는 있겠지만 항공사 홈페이지에 들어가서 회원가입을 한 후 항공권의 자리 지정 및 식사 메뉴 등을 미리 선택할 수 있다.

## 숙소 예약하기

 여행 TIP 3

숙소는 주로 부킹닷컴(www.booking.com)을 이용하여 예약하였다. 숙소를 미리 예약해 놓으면 편하며 안심이 된다. 예약할 때에는 취소 시 위약금이 없는 것을 우선적으로 찾는다. 경우에 따라서는 카드사에서 보증금이 빠져나가기도 한다. 그러나 당황할 필요는 없다. 단지 보증금일 뿐이다. 돌려받거나 현지 숙소 결제 시 총 금액에서 보증금을 뺀 나머지 금액만 결제하면 된다. 단, 처음부터 보증금 결제 시 반환되지 않는다는 조항이 있거나 기간이 임박해서 취소할 경우에는 보증금이 반환되지 않는 경우가 있으니 주의해야 한다. 알뜰족은 인터넷 검색을 통해 숙소도 여러 번 변경한다. 예약, 취소, 또 예약, 또 취소, 다시 예약 이런 식으로 하다 보면 시설은 더 좋으면서 저렴한 가격의 숙소가 나올 수도 있다. 이처럼 자유여행은 원하는 숙소형태와 장소를 내 마음대로 고를 수 있다는 장점이 있다. 이번에는 모텔, 호텔, 국립공원 숙소, 캠핑장, 아파트, 호스텔, B&B 등 다양한 종류의 숙소를 이용하였다. 사람에 따라 공용주방, 공용욕실 사용이 불편할지 모르지만 우리 식구들은 공동생활에 익숙해 있어 다행이었다. 이번 여행에서 어른들이 가장 만족하는 곳은 야생의 캥거루와 코알라, 에뮤가 뛰어노는 캠핑장 숙소였고, 아이들은 큰 수영장이 있는 또다른 캠핑장 숙소를 가장 마음에 들어 했다. 역시 세대에 따라 생각이 다를 수 있고, 기호도 다를 수 있다.

2017. 2. 12. (일)

### 여행 2일차
애들레이드 공항 → 한도르프 → 그랜트섬 → 울워스 → 케이프 저비스

지금 생각해 보면 한국 사람이라서 기아 그랜드 카니발 차량을 준 것인지도 모르겠다. 사실 이번 여행에서는 해외 브랜드 차량을 몰고 싶은 마음이었다. 물론 현대, 기아 차량도 해외에서 알아주지만 해외 브랜드 차량을 몰아 보면 우리나라 차량과 비교해 볼 수 있기 때문이다. 아무튼 개인적으로 카니발은 처음이었지만 우리 가족이 모두 탑승하고도 짐 공간이 충분할 정도로 컸다. 차를 받으면 우선 차량의 상태를 자세히 살펴보고 이상 유무

를 확인하여 허츠 점원에게 이야기해 주어야 한다. 호주는 야생동물 특히 캥거루와 부딪쳐 차량이 파손되는 경우가 많기 때문에 약간의 파손, 스크래치도 자세히 이야기해 주어야 한다. 내가 렌트한 차량은 약간의 찌그러짐만 존재하고 대체로 양호했다. 차량 확인을 끝낸 뒤 드디어 출발. 이른 아침이어서인지 공항 근처에 차량이 많지는 않다. 다만, 한국에서 가져온 내비게이션이 신호를 잡고 정확한 위치를 찾기까지 시간이 좀 걸린다. 물론 기존의 차량 내비가 있지만 한국에서 가져온 것과 같이 활용하면 더 유용하다(종종 한국에서 가져온 내비가 더 정확하게 목적지를 찾기도 한다). 예전 렌트 여행에서는 내비 연결잭이 없어 매우 당황한 적이 있었기 때문에 이번에는 만반의 준비를 했다. 드디어 내비가 정상적인 신호를 잡았다. 첫 번째 목적지의 구글 좌표를 내비에 입력하고 움직이기로 했다. 오늘의 대략적인 일정은 캥거루섬을 가기에 앞서 도시 근교의 유명한 독일마을과 그랜트섬의 공원을 둘러보고 선착장 근처에 위치한 숙소로 가는 것이다.

먼저, 한도르프 인포메이션 센터에 가서 정보를 얻기로 하였다. 한도르프 거리는 사람이 많지 않아 산책하기에 적당했다. 유럽풍의 분위기가 나고 여름인데도 날씨가 흐려서 얇은 카디건이나 바람막이를 챙기는 것이 좋다. 렌터카로 갈 때는 늘 주차가 고민인데 길가에 많은 차들이 주차되어 있기에 나도 길가에 주차하기로 했다. 나중에 알아보니 한도르프마을에서는 3시간은 무료로 길가에 주차할 수 있다고 한다.

길가에는 유럽풍의 아기자기한 공예품들이 전시된 가게들이 즐비

해 있는 것이 꽤 인상적이다. 아이들도 신기한 듯 개인 사진기를 꺼내어 사진을 찍는다. 개척자들을 기념한 메모리얼 파크의 역사를 보니까 호주 또한 이방인이 개척한 지 얼마 지나지 않은 역사가 짧은 곳임을 알 수 있었다. 걷다 보니 활동하기에 좋은 우리나라의 초여름 느낌도 난다. 여유로움과 한적함도 느낄 수 있다.

점심시간이 되어 한도르프의 유명한 가게인 'COPENHAGEN'에 들어가서 햄버거와 감자튀김, 핫도그, 과일샐러드를 먹었다. 우리가 관광객인 것을 알고 점원이 다가와서 사진을 찍어주었다.

점심식사를 마친 뒤, 오늘의 오후 일정인 그랜트섬에 가기로 했다. 이 섬에는 아이들이 보고 싶어 하는 펭귄이 있다. 차가 해안가에 가까워질수록 하늘이 점차 맑아졌다. 맑은 하늘을 보면서 쭉 뻗은 도로를 달리니 가슴이 확 트인다. 호주에 이민을 오고 싶다는 생각도 든다. 사계절이 뚜렷하고 자연경관이 아름답지만, 점점

살기가 삭막해지는 대한민국을 보면 우리보다 훨씬 넓고 여유로운 호주가 부럽기도 하다.

공원 입구에 있는 넓은 주차장에 주차를 했다. 바람이 꽤 많이 분다. 여기서 활동하기 위해서는 바람막이가 필수다. 육지에서 그랜트섬까지는 다리로 이어져 있어서 섬으로 걸어서 들어갈 수도 있고, 마차를 타고 들어갈 수도 있다. 일단은 다 같이 걸어서 가고 돌아올 때 아이들과 나는 마차를 타기로 했다.

그랜트섬 입구에는 '펭귄의 서식지' 임을 알리는 표지판이 있다. 보호지

역이기 때문에 개와 고양이는 출입 금지이며 사람들도 허용된 길만 가도록 안내하고 있다. 바닷바람이 세게 불지만 시원해서 좋다. 아이들은 마냥 즐겁기만 한가 보다. 갈매기는 물고기를 얻어먹으려고 낚시꾼 주위를 배회한다. 통통하고 큰 갈매기가 물고기 한 마리를 먹고 소리를 지른다. 드디어 섬을 이어 주는 다리를 건너 섬 입구의 비석 앞에 서서 사진을 찍었다. 그랜트섬답게 펭귄 동상이 있었다.

바다의 바위의 이끼가 붉은 빛을 띠고 있는 것이 특이했다. 파도의 높이가 집채만 하다. 바위에 부딪혀 만들어지는 물보라가 시원하고 웅장하다. 저 멀리로 가면 남극이 보인단다. 그리고 펭귄들은 저 먼 바다로 먹이를 찾으러 갔다고 한다. 돌아오는 길에는 아이들과 함께 이층 마차를 탔다. 갈매기가 마차 위에 아주 가까이 다가와서 묘기를 부렸다.

내일 가기로 한 캥거루섬에 들어가

기 위해 기름을 가득 넣기로 했다. 우리나라의 이마트 같은 울워스에서 주유를 하고, 오늘 저녁을 해결하기 위한 물과 음식을 구입했다. 아무래도 내일 섬에 들어가기 전에 장을 미리 봐 두는 것이 좋을 것 같았다. 과일, 과자, 야채, 양파, 한국의 진라면, 신선하고 값이 저렴한 호주산 소고기, 물 등을 한가득 구입하였다. 렌터카 자유여행은 매일매일 캠핑하는 기분이다. 내가 바랐던 여행의 즐거움이다.

장을 다 본 후 첫 번째 숙소인 케이프 저비스(Cape Jervis)에 도착했다. 이곳은 부킹닷컴으로 예약한 곳이다. 캥거루섬으로 들어가는 페리를 타기 위해서는 일찍부터 서둘러야 해서 숙소를 선착장과 가까운 이곳으로 정했다. 숙소는 특이한 외형을 갖고 있어 아이들은 신기해한다. 마치 railway cottage처럼 객차를 이은 특이한 구조였다. 일단 숙소 예약확인서를 들고 체크인을 하기 위해 안으로 들어갔다. 사람은 보이지 않고 주방에서 음식을 하는 소리만 들린다. 벨을 누르자 사람이 나와서 우리를 반겨준다. 숙소의 열쇠를 주고 주의사항을 말해준다. 일단 어른들은 캐리어를 다 정리하고 저녁으로 밥과 고기, 한국에서 가져온 김을 먹었다. 특히 조카는 국을 굉장히 맛있게 먹었다. 디저트로 신선한 호주 과일도 먹었다. 저녁이 되면서 바람이 강하게 불고 쌀쌀해져서 침대에 열선을 넣었다. 아이들 방에서 벌레가 나오고, 욕실 물 조절이 잘 안 되는 등 작은 소동이 있었지만 한국에서 호주로 무사히 도착했다는 것에 굉장히 만족하고 감사한 생각이 들었다. 내일 아침에는 서둘러야 해서 간식으로 계란을 삶아두었다.

    내일도 무사히 즐거운 여행이 되길…….

| 방문처 | Hahndorf(한도르프) |
|---|---|
| 주소 | Adelaide Hills Visitor Information Centre, 68 Mount Barker Rd., Hahndorf SA |
| 운영 시간 | 토요일, 일요일, 월요일 10:00~17:00<br>화요일~금요일 9:00~17:00 |
| 연락처 | +61 8 8393 7600 |
| 입장료 | 무료 |
| 홈페이지 | adelaidehills.org.au |

| 방문처 | Granite Island(그랜트섬) |
|---|---|
| 주소 | 1 Granite Island Rd, Victor Harbor SA 5211 |
| 운영 시간 | 24시간 영업 |
| 연락처 | +61 8 8552 7555 |
| 입장료 | 무료 |
| 홈페이지 | environment.sa.gov.au |
| 관련 사진 | |

| | |
|---|---|
| 숙소 | Cape Jervis Accommodation & Caravan Park<br>(케이프 저비스 숙소 & 카라반 공원) |
| 주소 | Cape Jervis Accommodation & Caravan Park,<br>9351 Main S Rd, Cape Jervis SA |
| 체크인,<br>체크아웃 | 체크인: 14:00~21:00 체크아웃: 10:00 이전 |
| 연락처 | +61 8 8598 0288 |
| 시설(숙소<br>유형에<br>따라<br>다름) | 평면TV, 에어컨, 객실 내 전용 욕실, 난방시설, 전기담요, 소파베드,<br>헤어드라이어, 욕실용품, 화장실, 화장지, 냉장고, 전자레인지,<br>전기주전자, 토스터, 수건, 조식, 무료 와이파이, 주차 무료 |
| 관련 사진 | |

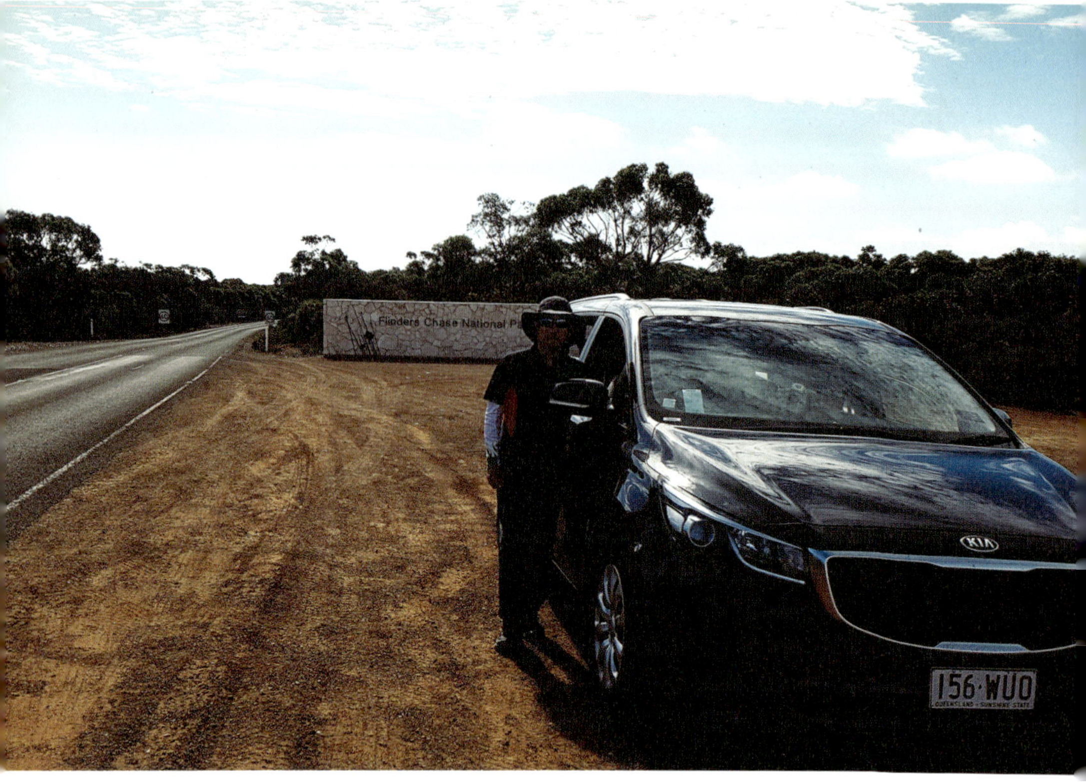
Flinders Chase National
156·WUO

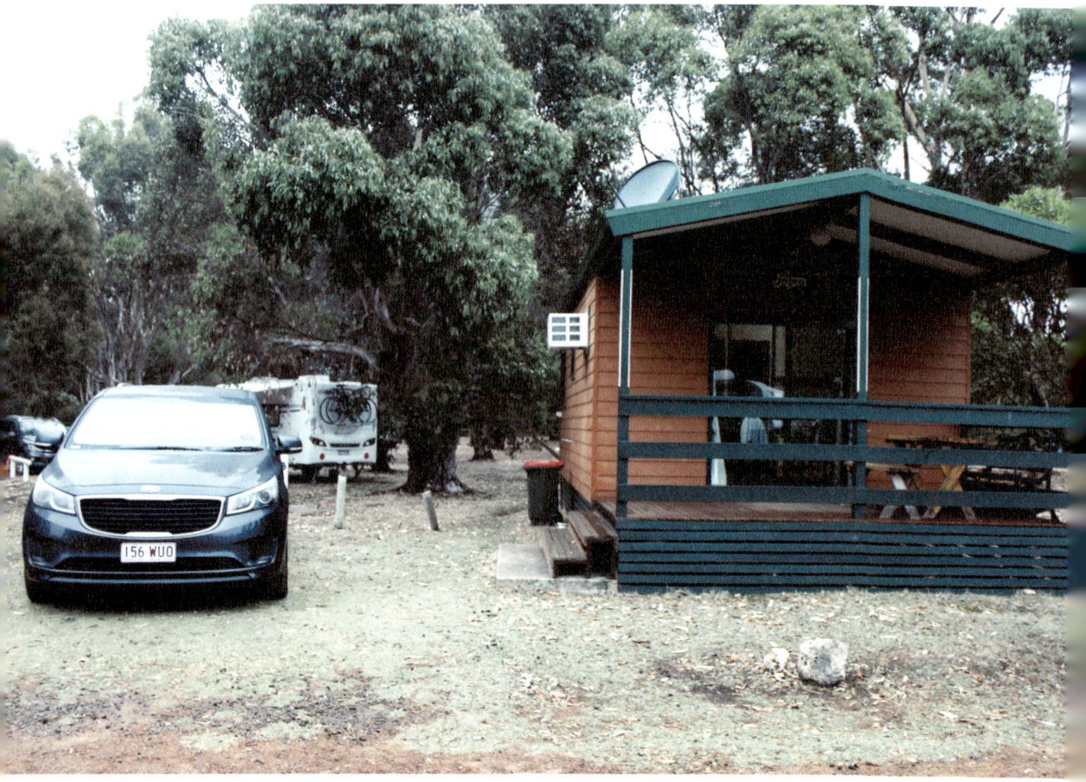
156 WUO

## 2017. 2. 13. (월)

### 여행 3일차

케이프 저비스 → 캥거루섬 → 벌꿀농장 → 씰베이
→ 킹스콧(플린더스 체이스 국립공원) → Western KI Caravan Park

날이 밝아온다. 구름이 많고 다소 쌀쌀하게 느껴진다. 아이들은 이불에 파묻혀 보이지 않는다. 잠이 깊이 든 것 같다. 오늘은 일찍부터 서둘러야 한다. 차를 배에 싣고 우리가 기대했던 캥거루섬으로 들어가야 하기 때문이다. 먼저 일어나서 아침을 준비했다. 아침 메뉴는 햇반과 된장국이다. 그리고 고추장과 김. 식사 후에는 짐을 정리하여 차에 실어놓았다. 이번 여행 준비물 중에 도마, 칼, 가위, 소형 아이스박스는 아주 잘 챙겨간 것 같다. 이곳 식기류가 다소 낡기도 했고, 우리가 평소 사용하던 것이 익숙했기 때문이다. 햇반은 아직 여유가 있다.

벽에 붙어 있는 숙소 규칙이 인상적이다.

'열었다면 잠가라. 불을 켰다면 꺼라. 문을 열었다면 잠가라. 깨트렸다면 보고를 하라. 빌렸다면 반납을 하라. 흩뜨렸다면 정리하라. 물건을 움직였다면 원래대로 하라. 그리고 편안하게 머무세요.'

직설적인 표현이 인상적이다. 어떤 나라를 가든 자기가 머물렀던 자리는 잘 정리하고 떠나는 것이 기본 예의인 것이다. 숙소 밖으로 나와 보니 숙소가 화물열차의 한 칸을 재활용한 것을 알 수 있었다. 우리는 숙소키를 반납하고 방문 후기를 적었다. 이 숙소에서 선착장까지는 차로 1분 거리였는데 이미 많은 차들이 줄을 서서 대기하고 있었다. 이 많은 차들을 배 안에 실을 수 있다는 것이 신기했다. 심지어 대형 버스, 캠핑카도 들어갔다.

나만 렌터카에 남고 아이들과 누나, 아내는 인터넷으로 예약하고 결제한 확인서를 가지고 가서 표를 받아 왔다. 전부 차 안에서 기다릴 필요는 없을 것 같아서 나를 제외한 아내, 누나, 아이들이 먼저 배에 올랐다. 차가 배 안에 들어갈 때까지 주차선에서 대기했다. 배 안에 주차된 차들 사이의 간격은 20cm 정도로 상당히 좁았다. 주차요원들은 주차된 차의 바퀴를 바닥에 꼼꼼히 묶었다. 드디어 배가 출발한다. 캥거루섬까지는 45분 정도 걸린다. 두 딸들은 오늘 일찍 일어나서인지 바로 자 버린다. 아이들은 신기하게도 어디서나 잘 잔다.

구름이 많고 흐리며 바람이 약간 분다. 얘기를 나누다 보니 잠시 후 캥거루섬의 페네쇼 선착장에 도착한다는 안내방송이 나온다. 이미 많은 사람들이 배의 차고지로 내려가 차 안에서 대기를 하고 있었다. 우리도 차에 탑승하고 내릴 차례를 기다렸다. 선착장에서 차로 5분 거리에 위치한 캥거루섬의 인포메이션 센터로 먼저 가서 정보를 수집하였다. 안내를 받고 우리가 갈 곳의 정보와 루트를 확인하였다. 여행 전 호주관광청 홈페이지에서도 정보를 얻을 수 있지만 여행지의 인포메이션 센터에서도 생생한 정보와 많은 자료를 무료로 얻을 수 있다. 벌써 배가 고파 와 킹스콧으로 가서 점심을 먹기로 했다. 킹스콧에 가는 길에 우연히 '라마'라는 동물을 만났다. 사실 우리를 맞이하는 동물이 라마인지 알파카인지는 잘 모르겠다. 한국에서 보지 못한 동물을 보니 마냥 신기하고 반갑다.

킹스콧에 가기 전 벌꿀농장(island beehive pty)에 잠깐 들르기로 했다. 이곳은 나중에 알게 되었지만 호주에서도 꽤 큰 유기농 벌꿀농장이라고 한다. 일정에 없었지만 누나가 갑자기 제안해서 가게 된 곳인데 의외로 좋았다. 벌꿀로 만든 잼이나 벌꿀을 가공한 다양한 식품을 판매하고 있었다. 벌꿀농장 체험도 가능한 것 같았다. 잼과 프로폴리스 등을 구입한 후 킹스콧으로 갔다.

킹스콧은 캥거루섬의 북동쪽에 위치하고 있고 펠리컨 피딩쇼로 유명하다. 우선 점심을 먹기 위해 킹스콧 근처에 있는 플린더스 체이스 국립공원 (Flinders Chase National Park)을 찾았다. 호주의 곳곳에 공원이 잘 조성이 되어 있다는 점이 장점이다. 특히 전기그릴시설과 테이블이 무료로 제공된다. 우선 테이블보를 깔고 준비한 빵과 음식들을 차려놓고 전기그릴 스위치에 전원을 켰다. 점심 메뉴는 삶은 달걀, 토마토, 사과, 빵, 벌꿀농장에서 구입한 잼, 신선한 호주산 소고기이다.

소고기는 공원 옆 마트에서 구입한 것으로 공원에서 즉석으로 구워 먹을 수 있어 좋았다. 정말 평화롭고 한적하다. 점심을 먹고 나서는 펠리컨 피딩쇼를 보러 가기로 했으나 시간이 마땅치 않아 나중에 보는 것으로 일정을 조정했다.

그 다음 씰베이로 이동하였다. 씰베이에서는 바다사자를 가까이에서 볼 수 있다. 바다사자는 원래 포악한데 바다에서 에너지를 많이 소모하여 지금은 쉬고 있다고 한다. 바다사자들은 여기저기 흩어져서 영역을 차지하고 있었다. 멀리서 쌍안경으로 보다가 좀 더 가까이 보기 위해 안내원을 따라

갔다. 성인만큼 큰 동물들이 보드워크 바로 아래 있었다. 입구에는 해부된 바다사자가 있어 각 부분들을 만져볼 수 있었는데 가죽이 푹신하고 부드러웠다.

1시간가량 관광 후 오늘의 숙소인 Western KI Caravan Park로 가기로 했다. 이곳은 플린더스 체이스 국립공원에 위치한 캠핑장 형태의 숙소다. 다양한 종류의 숙소 중 우리의 숙소는 캐빈 형태로 침대, 화장실, 욕실 등의 다양한 시설들이 숙소 안에 있었다. 우리나라 국립공원처럼 텐트·캠핑카 사이트도 있고, 자연휴양림처럼 오두막집도 있었다. 이미 여러 팀이 와서 여유로움을 즐기고 있었다. 어떤 젊은 동양인 부부는 캠핑카를 주차하고 있었고, 그 옆에는 노부부가 야외에서 저녁을 준비하면서 독서를 하고 있었다.

우리 숙소 주변의 나무 곳곳에 코알라가 매달려 있었는데 잠을 자는 것처럼 움직임이 거의 없었다. 캥거루도 돌아다닌다. 지금은 캥거루들이 강한 햇살을 피해 나무 그늘에 있다고 하지만 여기선 캥거루를 곳곳에서 볼 수 있어 신기하다. 조카가 짓궂게 캥거루에게 소리를 지르자 주변에서 쉬고 있던 호주 노부부가 우리 아이들에게 주의를 준다. 아이들도 조심을 하며 조용히 캥거루를 따라간다. 캥거루보다 작은 왈라비를 발견했는데 도망도 안 가고 아이들과 마주해 앉아 있는 모습이 신기했다. 이곳의 동물들은 인간들과 친화적인 것 같다.

다시 숙소로 와서 저녁을 준비하였다. 숙소의 이름은 '아카시아'로 여기서 2박을 하기로 했다. 우선 짐을 정리하고 시원한 맥주를 마셨다. 저녁은 가을 날씨처럼 서늘하지만 여행하기에는 딱 좋은 날씨였다. 아직도 기억에 생생한 것 중 하나는 호주 멜버른공항에서 본 호주사람들의 팔뚝이었는데 팔뚝에 수포가 굉장히 많았다. 아무래도 강한 자외선에 피부가 손상된 것 같았다. 오늘은 다행히 구름이 많아서 강한 햇빛이 차단되었다. 내일도 이 숙소에서 하룻밤을 더 자기 때문에 아침부터 바쁘게 짐을 미리 챙길 필요는 없다. 내일은 이 근처에 위치한 등대와 특이한 암석, 물개를 보러 간다. 국내유심으로 바꿔서 한국에서 온 핸드폰 문자를 확인해 보았지만 별다른 사항은 없는 것 같다. 멀리 여행을 떠나오면 일상의 것들은 잊어야 하는데 성격상 그것이 잘 안 된다.

| | |
|---|---|
| 방문처 | Flinders Chase National Park(플린더스 체이스 국립공원) |
| 주소 | Flinder's Chase National Park Visitor Centre, Flinders Chase SA 5223 |
| 운영 시간 | 월요일~일요일 9:00~17:00 |
| 연락처 | +61 8 8553 4450 |
| 홈페이지 | environment.sa.gov.au |
| 특징 | 남호주에서 가장 큰 국립공원이며 공원입구인 방문자 센터에 캠핑장, 카페, 레스토랑 등의 편의시설이 모여 있다. 방문자 센터 안에는 국립공원의 생태와 환경에 관한 자료들이 전시되어 있으며, 공원에는 캥거루, 코알라, 오리너구리, 에뮤 등의 다양한 동물들이 있다. |
| 숙소 | Western KI Caravan Park(웨스턴 키 카라반 공원) |
| 주소 | Western KI Caravan Park, 7928 S Coast Rd, Karatta SA |
| 체크인, 체크아웃 | 체크인: 14:00~17:30<br>체크아웃: 10:00이전 |
| 연락처 | +61 8 8559 7201 |
| 홈페이지 | westernki.com.au |
| 시설 (숙소 유형에 따라 다름) | 전용 욕실, 화장실, 헤어드라이어, 샤워, 침실, 옷장, 바비큐시설, 파티오, 주방, 레인지, 오븐, 주방식기, 전기주전자, 전자레인지, 냉장고, 하이킹, 탁구, 식사 공간, 소파, 휴식 공간, 평면 TV, 위성 채널, DVD 플레이어, 인터넷 접속 불가, 전용 주차장 무료, 팩스/복사, 세탁(추가 요금), 구내 미니마트, 에어컨, 난방 시설, 전용 입구, 선풍기, 장애인 편의시설 |

관련 사진

## 2017. 2. 14. (화)

여행 4일차

플린더스 체이스 국립공원(방문자 센터) → 케이프 두 쿠에딕
→ 애드미럴 아치 → 리마커블 락 → Western KI Caravan Park

아침에 일찍 일어나서 아내와 캠핑장 주변을 산책하기로 했다. 아이들과 누나는 아직도 잔다. 캠핑장 주변에 넓은 평지와 울타리가 있고, 울타리 너머에는 양들도 보인다. 이른 아침부터 활동하는 캥거루를 보았는데 가까이 가도 풀을 뜯어 먹는 중이라 그런지 쉽게 도망가지 않는다. 여기가 바로 동물들의 천국인 것 같다. 산책을 마치고 숙소로 와서 아침 식사를 준비하였다. 오늘의 메뉴도 햇반에 고기와 된장국이다. 아이들은 식사 후 캥거루를 보러 나갔다.

여기서 차로 10분 이동하여 플린더스 체이스 국립공원 트래킹을 하기 위해 방문자 센터에 갔다. 인포메이션 센터에서 표를 사는 동안 아이들은 파란 초콜릿을 먹고 입술이 파랗게 되었다. 오늘의 날씨는 이른 아침때와 달리 더운 편이다. 설상가상으로 트래킹 코스의 길을 잘못 들어서 원점을 계속 되돌았다. 길은 잃었지만 트래킹 하는 동안 오리너구리, 코알라, 도마뱀을 볼 수 있었다. 보면 볼수록 호주의 토양, 자연은 정말 특이하고 이색적이다. 보드워크 일부분은 잘 정비되었으나 노지는 거칠었다.

점심때가 다가오니 아이들의 어깨가 서서히 처진다. 한국은 겨울이라 몸이 많이 움츠러드는 시기에 더운 호주로 와서 때 아닌 운동을 많이 하게 되는 것 같다.

걷는 도중 불에 타서 까맣게 된 나무들을 보았다. 호주의 유칼립투스 나무는 자연적으로 화재가 발생되기 쉽다고 한다. 너무 넓어서 소방관이 직접 불을 진화하기가 쉽지 않아 그대로 두기도 한다. heritage walk를 지나 woodland walk 방향으로 와서 인포메이션 센터 쪽으로 돌아 나왔다.

점심을 먹고 난 후, 물개가 많이 서식하는 애드미럴 아치(Admirals Arch)와 특이한 지형을 갖고 있는 리마커블 락(Remarkable rocks)으로 이동하기로 하였다. 직선 도로가 롤러코스터를 타는 것처럼 위아래로 올라

갔다 내려갔다 한다. 하늘은 맑고 바닷바람이 불어오니 운전하기가 즐겁다. 드디어 사진에서 보았던 등대가 나타났다.

등대에서 아래쪽 도로로 걸어 내려가니 물개가 많이 서식한다는 애드미럴 아치가 보인다. 해안절벽이 계단 형태로

되어 있고 물개들이 거친 파도에서 헤엄을 치고 재주를 부린다. 거센 파도에 지쳐서 잠자는 물개, 엄마를 찾는 아기 물개가 떼를 지어 모여 있다. 그리고 파도의 침식작용에 의해 생긴 조각품 같은 기암괴석이 아주 인상적이다. 주차장으로 오는 동안 본 식물들은 바닷바람 때문인지 잎의 크기가 작고 단단하며 특이한 모양이다.

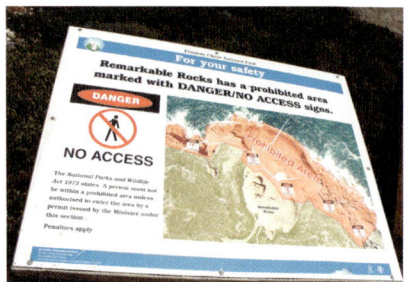

　다시 주차장으로 와서 리마커블 락이 있는 곳으로 차를 타고 5분 정도 이동했다. 한쪽이 해안절벽이라 아찔하고 스릴이 넘친다. 바위들은 거대하며 구멍이 뚫린 특이한 모양을 하고 있다. 어떤 바위는 공룡이 입 벌린 모양 같기도 하였다. 아이들은 그 속으로 들어가서 포즈를 취한다. 호주는 역사가 짧아 유구한 우리나라의 문화유산보다는 이런 자연경관이 관광 상품인 것 같다. 어떤 바위는 일부분이 오렌지색을 나타내고 있다. 이끼였다. 이곳에는 이끼가 바위에서 자생하며 이끼의 종류에 따라 색깔이 다양하게 나타난다고 한다.

　붉은색 지역은 파도와 바람이 강하고 바닥이 미끄러워 넘어질 우려가 있어 접근이 금지되어 있다. 위험하니 조금만 있다가 가자고 아이들을 재촉했지만 솔직히 말하자면 내가 더 겁이 났다. 조카는 아예 바닥에 누워서 하늘을 바라본다. 이곳은 정말 아이들과 동물들의 천국 같다.

오늘의 일정을 마치고 숙소로 돌아가기로 했다. 숙소로 가는 길에 우연히 에뮤를 보았다. 날은 어두워지고 보름달보다 작은 달이 보이는데, 저 달이 초승달(우리나라는 그믐달)에 가까워지면 한국으로 돌아갈 시점일 것이다. 오늘 저녁은 카레이다. 여행 나오면 쉽고 간단히 할 수 있는 요리이고 아이들도 잘 먹는다. 오늘도 숙소 앞에서 캥거루와 코알라를 보았다. 코알라는 유칼립투스 잎을 먹고 있었다. 천연덕스럽게 이 나무에서 저 나무로 천천히 움직이기도 했다. 아이들은 일찍부터 침대에 누워서 자기 시작한다. 오늘 하루 많이 걸어서 피곤한 모양이다.

| 방문처 | Admirals Arch(애드미럴 아치) |
|---|---|
| 주소 | Flinders Chase SA 5223 |
| 특징 | 오랜 시간 동안의 파도와 바람의 침식작용으로 인해 아치 형태를 이루고 있다. 많은 수의 물개들이 이곳에 와서 살고 있다. |
| 관련 사진 | |

| 방문처 | cape du coudedic(케이프 두 쿠에딕) |
|---|---|
| 주소 | Cape Du Couedic Hike, Flinders Chase SA |
| 입장료 | 무료 |
| 특징 | 플린더스 체이스 국립공원의 남서쪽에 위치하며 넓은 바다를 배경으로 하이킹을 할 수 있는 코스가 있으며 등대가 인상적인데 CNN이 선정한 호주 최고의 등대 중에 하나이다. |
| 관련 사진 | |

| | |
|---|---|
| 방문처 | Remarkable Rocks(리마커블 락) |
| 주소 | Remarkable Rocks S Coast Rd, Flinders Chase SA |
| 입장료 | 무료 |
| 특징 | 캥거루 섬의 남서쪽에 위치하며 오랜 시간동안 바람과 바다의 침식작용에 의해 독특한 모양의 거대한 바위가 생성된 곳이다. |
| 관련 사진 | |

### 2017. 2. 15. (수)

**여행 5일차**

비본느 베이(리틀사하라) → 씰베이 → 펠리칸 라군
→ Kangaroo island backpackers

    오늘 아침은 카레와 햇반, 감자, 그리고 과일이었다. 아이들도 이제 단조롭고 소박한 식단에 잘 적응하는 것 같다.

    오늘은 샌드보드를 타고, 펠리컨 체험을 하고, 피쉬앤칩스를 먹고, 선착장 근처에서 하룻밤을 잔 뒤 내일 배를 타고 캥거루섬을 나갈 예정이다. 캥거루섬에서는 3박 4일이 적당한 것 같아 인포메이션 센터에서 알려준 코스와 일정대로 진행했는데 결과적으로 아주 만족스러웠다. 출발 전, 그동안 우리 가족의 발이 되어준 카니발 차량의 상태를 점검하였다. 차량의 외형은 괜찮았다. 호주는 로드킬이 많다고 한다. 실제로 로드킬 당한 캥거루의 사체를 많이 보았는데, 로드킬 당한 동물도 문제이지만 그로 인해 차량이 파손되거나 차량이 도로를 이탈, 전복되어 사람이 다칠 수도 있다고 한다. 그래서인지 호주 SUV차량들은 범퍼가 무식할 정도로 크고 묵직

하다. 기름값은 매우 저렴한 편이다. 이동한 거리가 꽤 되는데도 아직 기름이 여유 있다. 간단히 차량을 청소한 후 차에 짐을 다 싣고 WESTERN CARAVAN PARK를 출발하였다. 아내는 숙소의 좋은 장소를 배경으로 하여 인증샷을 찍어달라고 한다. 예전에 호주의 빅토리아 주에 위치한 그램피언스 국립공원의 카라반 파크만큼 좋았던 것 같아 좋은 추억으로 남기고 싶은가 보다.

오늘의 첫 번째 목적지는 비본느 베이이다. 비본느 베이로 가던 중 리틀사하라가 11시 30분에 오픈을 한다고 하여 근처 해안가의 전망대를 거닐다가 오픈시간에 맞춰 리틀사하라로 갔다. 그런데 아직 오픈을 하지 않아 다른 팀들도 기다리는 것 같았다. 그리고 보니 옆에서 기다리던 가족은 어제 우리 숙소 옆에 캠핑카를 가져왔던 팀이었다. 여행의 코스가 다들 비슷한가 보다. 잠시 후, 점원이 문을 열어줘서 들어갈 수 있었다. 리틀사하라는 말 그대로 사막과 같은 모래언덕이다. 그리고 모래언덕 너머에는 바다가 있다. 누나와 아내를 제외하고 나와 아이들은 샌드보드를 타기로 했다.

한 사람당 각각 37AUD를 내야 하는데 1명만 무료이다. 원래는 한 사람당 각각 37AUD인데 우리가 너무 많이 기다려서인지 할인을 해 준 것 같다. 무거운 보드를 들고 언덕까지 올라가야 한다. 올라갈 때는 무척 힘들지만 내려올 때는 스릴이 넘친다. 스노보드와 흡사하다. 한국은 지금 한참 동계스포츠에 적당한 시즌이라 스키와 썰매, 보드를 탈 것이다. 부드럽지만 약간은 습기가 있는 모래의 질감이 느껴진다.

여기도 지금은 비수기 같다. 성수기라면 많은 사람으로 북적일 텐데 한산하다(그래서 좋기도 하다). 아이들은 모래가 머리, 귀, 코, 눈으로 들어간다고 짜증을 내면서도 다시 올라가서 보드를 탄다. 아이들에게 대략 10번은 타야 한다고 강조했다. 조카는 벌써 지쳤는지 밑에서 모래구덩이를 파

고 있다. 1시간 정도 보드를 타고 썰매를 반납한 후, 화장실로 와서 최대한 깨끗하게 모래를 털어냈다. 탈 때는 좋았지만 뒷정리가 귀찮고 힘들다. 리틀사하라에서 나온 우리는 여행 첫날 갔었던 킹스콧에 다시 가서 아이스크림과 점심을 먹기로 했다. 킹스콧의 도서관 근처 식당에서 핫도그, 치즈버거, 피쉬앤칩스를 시켜서 먹었다.

 점심을 먹은 뒤 펠리컨을 보는 곳으로 이동을 했다. 펠리컨 피딩쇼가 진행되는 장소에 가서 자리에 앉아 쇼를 기다렸다. 약속이나 한 듯 저 멀리서부터 펠리컨들이 하나둘 모이기 시작하더니 순식간에 수십 마리가 쇼 진행자를 둘러쌌다.

 진행자가 물고기를 한 마리씩 던져줄 때마다 경쟁하듯 입을 벌렸다. 펠리컨은 부리와 입 크기가 장난이 아니었다. 큰딸이 손을 드니까 펠리컨 한 마리가 와서 고개를 든다. 하지만 손에 물고기가 없는 것을 알아차리고는 다시 가버린다.

쇼 진행자의 유쾌한 설명에 모여든 사람들이 즐겁게 떠들었다. 쇼의 마지막쯤 되어서 바구니에 있는 생선을 한꺼번에 쏟아부으니 펠리컨들이 벌떼처럼 순식간에 모여든다. 가까이서 펠리컨을 볼 수 있어서 좋았고 아이들도 신기해했다. 쇼를 마치고 바구니에 현금을 주고 주차장으로 이동하였다.

차를 타고 오늘 머물 페네쇼의 캥거루 아일랜드 백패커스 숙소(Kangaroo island backpackers)에 도착했다. 이곳도 가족 룸으로 방에 2층 침대가 있고 공간이 넓었다. 여기는 화장실과 식당을 공용으로 사용하는 유스호스텔이었다. 거실 옆에는 당구와 미니축구게임을 할 수 있는 시설이 있었다. 우리는 숙소 바로 앞에 주차를 하고 싶어서 주인이 오면 물어보기로 했다. 드디어 주인의 차가 들어왔는데 주인차량의 앞부분 범퍼가드가 엄청 컸다. 역시나 로드킬 때문인 것 같다. 주인의 배려로 숙소 바로 앞에 주차를 할 수 있었다. 오늘 저녁은 숙소 바닥에 식탁보를 깔고 방에 모여 오붓하게 먹기로 했다. 원래는 밖에 있는 피크닉 테이블에서 저녁을 먹기로 했으나 바닷바람이 너무 세게 불어서 숙소 안에서 먹기로 했다. 오늘 메뉴는 오븐에 구운 닭고기, 카레, 빵이다. 훈제 닭고기 맛이 아주 일품이다. 아이들은 장소에 구애받지 않고 아무 곳에서나 잘 먹었다. 식사 후 아이들은 일본인 여행객들과 축구게임을 했다. 국적과 언어는 다르지만 여행객이라는 공통점을 갖고 잘 어울렸다. 캥거루섬 안쪽은 오지라 인터넷이 잘 안 돼 메시지를 확인할 수 없었는데 여기서는 인터넷이 잘 되었다. 처제 및 지인들과 짧게 연락을 했는데 우리가 캥거루섬에 들어온 날 쿠알라룸푸르공항에서 큰 사건이 있었다고 한다. 김정은의 형인 김정남 암살사건이 발생한 것이다. 나갈 때도 쿠알라룸푸르 국제공항을 거쳐야 하니 조심해야겠다. 천안은 눈이 많이 내리고 춥다고 한다.

| | |
|---|---|
| 방문처 | Little Sahara(리틀사하라) |
| 주소 | Little Sahara, Vivonne Bay SA |
| 운영 시간 | 월요일~일요일 9:00~17:00 |
| 연락처 | +61 8 8559 4224 |
| 입장료 | 유료 |
| 홈페이지 | kioutdooraction.com.au |

| | |
|---|---|
| 방문처 | Seal Bay Conservation Park(씰베이 보호공원) |
| 주소 | Seal Bay Conservation Park, 1140 Seal Bay Rd, Kangaroo Island SA |
| 운영 시간 | 월요일~일요일 9:00~17:00 |
| 연락처 | +61 8 8553 4463 |
| 입장료 | 무료, 펠리컨 체험은 유료 |
| 홈페이지 | sealbay.sa.gov.au |

| | |
|---|---|
| 숙소 | Kangaroo Island Backpackers Hostel(캥거루섬 백패커스 호스텔) |
| 주소 | Kangaroo Island Backpackers – Hostel, LOT 43 North Terrace, Penneshaw SA |
| 체크인, 체크아웃 | 체크인: 14:00~20:00　체크아웃: 00:00~00:00 |
| 연락처 | +61 439 750 727 |
| 시설(숙소 유형에 따라 다름) | 에어컨, 공용욕실, 난방시설, 공용화장실, 옷장, 침대, 공용주차장, 무료 와이파이 |
| 관련 사진 | |

## 2017. 2. 16. (목)

여행 6일차
포트 애들레이드 → 범분가 호수
→ 포트 아우구스타(Majestic Oasis apartments)

오늘은 아침 일찍 서둘러야 한다. 짐을 정리하여 차에 싣고 선착장에 가서 차를 배에 실어야 한다. 숙소를 이곳으로 정한 것도 선착장과 가깝기 때문이었다. 어젯밤에 숙소 앞 도로가에 세워둔 나의 렌터카가 잘 있는지부터 확인하였다. 이제는 렌트한 차량이 내 차인 양 친근하게 느껴진다. 아침은 숙소가 아닌 다른 곳에서 먹기로 하고 서둘러 선착장으로 이동하였다. 선착장 앞 주차장에는 차들이 벌써 4열종대로 줄을 서서 기다리고 있었는데 현대 산타페, 쓰바루 자동차, BMW 등의 다양한 차들이 있었다.

먼저 배표를 끊기 위해 출력인쇄물을 가지고 아내랑 같이 사무실로 갔다. 표를 받아 들고 아이들과 누나는 먼저 배에 탔다. 캥거루섬에서의 3박 4일간의 추억을 뒤로하고 오늘은 남호주의 북쪽으로 이동한다.

점심은 포트 애들레이드에서 해결하기로 했다. 포트 애들레이드는 바다와 접하고 있는 항구도시로 다양한 음식을 맛볼 수 있다. 우리는 포트몰 쇼핑센터에서 점심을 먹었다. 점심을 다 먹은 후 애완견가게에서 구경을 하고, 선크림, 멘토스, 초콜릿, 젤리 등을 구입하였다.

이제부터는 한참을 가야 한다. 잠깐을 가다 보니 도로 옆의 핑크빛 호수가 우리의 시야에 들어 왔다. 차를 잠시 세우고 건너편에 있는 호수를 바라보았다. 핑크빛 소금호수인 범분가 호수는 남호주의 유명한 명소라고 한다. 우연히 발견한 곳이라 더욱 놀랍고, 신기하며 아름다웠다.

다시 A1 도로를 달렸고, 뜨거운 햇살에 데지 않게 모자, 장갑, 선크림으로 무장했다. 한참을 달리다 보니 이번에는 태양광 발전소가 보인다. 호주는 우리나라처럼 원자력이 아닌 신재생에너지의 활용도가 많은 것 같다. 도로가의 이정표를 보니 숙소가 얼마 남지 않았다.

드디어 포트 아우구스트의 Majestic Oasis apartments에 도착했다. 오늘 우리가 잘 곳은 쇼핑센터, 주유소, 해변이 인접한 아파트 같은 숙소이다. 사무실에 들어가니 젊은 여점원이 우리를 맞이하였고 방 열쇠를 건네주며 주의사항 등을 친절하게 안내해 준다. 여점원은 한쪽 다리가 불편했지만 숙소 앞까지 우리를 안내해 주었다. 호주는 복지가 잘 되어 있어서 장애인들도 차별 없이 일반인들처럼 똑같은 대우를 해 준다고 한다. 아이들은 이 숙소를 가장 흡족해했다. 캥거루섬에서는 약간의 불편함이 있었지만 이곳은 현대식의 콘도와 비슷하다. 방이 깨끗하고 개인 공간이 많다. 금상첨화로 숙소 바로 옆에는 야외 수영장이 있다. 아직 해가 지기 전이라 수영장에 들어가기에도 괜찮았다. 조카가 먼저 몸을 던져 수영솜씨를 뽐낸다. 큰딸과 작은딸은 가장자리에 앉아 물장구를 친다. 오늘의 저녁은 된장, 김, 그리고 호주산 스테이크이다. 오늘도 무사히 목적지에 도달했다. 하늘에 떠 있는 달의 크기도 약간 작아진 것 같다.

| | |
|---|---|
| 방문처 | Bumbunga Lake(범분가 호수) |
| 주소 | Bumbunga, SA 5520 |
| 입장료 | 무료 |
| 특징 | 호수에 존재하는 미생물로 인하여 태양 빛을 흡수, 반사를 통해 아름다운 빛깔을 나타낸다. |

| | |
|---|---|
| 숙소 | Majestic Oasis apartments(마제스틱 오아시스 아파트먼트) |
| 주소 | Majestic Oasis Apartments, Marryatt Street, Port Augusta, SA |
| 체크인, 체크아웃 | 체크인: 14:00~23:00<br>체크아웃: 07:00~11:00 |
| 연락처 | +61 8 8648 9000 |
| 홈페이지 | majestichotels.com.au |
| 시설(숙소 유형에 따라 다름) | 샤워실, 금고, 에어컨, 전화, 헤어드라이어, 다리미, 발코니, 라디오, 냉장고, 다림질 시설, 휴식 공간, 욕실, 선풍기, 화장실, 전자레인지, 세탁기, 욕실, 난방 시설, 위성채널, 주방, 케이블 채널, 욕조, 평면TV, 침대, 소파, 무료 와이파이, 주차장, 수영장, 반려동물 허용 |
| 관련 사진 | |

호주 애들레이드 편 103

### 2017. 2. 17. (금)

여행 7일차

포트 아우구스타 → 퀸(철도박물관) → 호커
→ 플린더스 레인지 국립공원 근처 숙소 Lawnsley Park Station

집시족처럼 오늘도 다른 곳으로 이동을 해야 한다. 우리가 묵었던 숙소인 Majestic Oasis apartments는 지금까지 거쳐 왔던 숙소 중에서 편의시설이 가장 많았고 가족들이 머물기에도 매우 만족스러웠다. 하지만 다음 목적지로 가기 위해서는 다른 숙소를 선택할 수밖에 없다. 다시 짐을 풀고 싸야 하는 번거로움이 있지만 그래도 다양한 숙소를 경험할 수 있어서 좋기도 하다. 아침으로는 카레와 과일을 먹었다. 오늘도 날씨는 화창하다. 일단 선크림을 듬뿍 바르고 모자를 쓰고, 쿨토시를 착용하였다. 오늘의 새로운 숙소는 플린더스 레인지 국립공원 근처에 있는 Lawnsley Park Station이다.

가는 길에 퀸이라는 작은 시골마을에서 철도박물관을 관람하였다(자유여행은 계획에 없던 곳을 갈 수 있다는 점이 매력적이다). 특히 박물관 옆의 놀이터가 인상적이었다. 그네인데 타이어인지 몰라도 넓어서 아이들 3, 4명이 함께 다 탈 수 있었다. 지난 1월은 굉장히 더워서 철도운행을 못했다고 한다. 이상기후로 약 40℃까지 올라 철도 레일마저 휘어졌다고 한다. 지금도 우리가 원하는 구간의 철도 운행이 이뤄지지 않고 있다. 아이들은 놀이터가 좋은지 박물관에는 관심이 없다.

다시 호커로 이동하기로 하였다. 호커에서 플린더스 레인지 국립공원은 멀지 않았다. 우리가 가는 도로에는 사람도 차도 거의 없었다. 호주의 오지 아웃백이라고 생각한다. 전화도 잘 안 되고, 인터넷 속도도 느리다. 그래서 미리 기름도 충분히 넣고, 울워스에서 장도 봐 두었다. 큰 도로에서 이 숙소를 찾기가 쉽지는 않았다. 비포장도로이다 보니 우리가 지나온 길

은 먼지로 둘러싸여 먼지 구름을 만들고 있다. 넓은 들판에는 에뮤가 보인다. 마치 아프리카 야생 초원 같다.

드디어 우리가 찾던 숙소에 도착하였다. 방이 4개에 소파, 부엌이 있고 캠핑장 캐빈과 비슷해 보였다. 테라스에서는 해가 지는 것을 한눈에 볼 수가 있었다. 이곳도 수영장이 있다. 아이들이 가자고 아우성이다. 단, 차로 5분 정도는 가야 한다. 누나와 아내는 짐 정리 및 저녁을 준비하고 아이들과 나는 수영장으로 갔다. 수심이 얕은 곳은 1m 정도이고 깊은 곳은 1.5m이다. 역시나 조카가 가장 좋아한다. 작은 날파리 같은 것이 달라붙는데 북쪽 내륙으로 갈수록 이런 벌레들이 특히 많이 나타난다. 매점에서 그물망 모자를 구입하였다. 수영장이 있는 이곳에도 캠핑장이 있었다. 우리가 있는 숙소는 휴양림과 같은 곳으로 숙소를 예약하면 무료로 이곳의 시설도 같이 이용할 수 있다. 아이들이 수영하는 동안 나는 물 밖에서 아이들을 지켜보았다. 저녁때가 가까워져 아이들이 수영을 그만하고 씻도록 했다. 칸막이로 된 샤워장은 시설이 깨끗했다. 나오자마자 파리 떼가 달라붙어 아이들은 소리를 지르며 방충망을 뒤집어썼다. 차로 5분 정도를 이동하여 다시 숙소에 도착했다. 저녁을 먹고 한국에서 다운받아 온 영화를 감상한 후 잠을 청하였다. 오지라서 인터넷 속도가 매우 느리다. 핸드폰 문자도 오지 않는다. 적막한 느낌에 더해 살짝 공포감이 든다. 비수기라서 이 숙소에 몇 팀밖에 없는 것 같다. 누나와 조카는 건넌방, 아이들은 안쪽 방, 아내와 나는 출입구 쪽 방에서 자기로 하였다. 누나는 갑자기 내일 갈 월페나파운드 국립공원을 하늘에서 볼 수 있는 경비행기를 타고 싶다고 한다. 돌풍이 불어 위험하니 내일 기상 상황을 지켜보자고 했다. 오늘은 정말로 운전을 많이 해서 꼬리뼈가 아프다. 아내나 누나는 장롱면허라 운전대를 잡지 못하지만 호주같이 쭉 뻗은 도로에서는 운전을 해도 괜찮을 것 같다(나의 희망과 바람이지만…). 지금 생각해 보면 호주는 굉장히 넓은 대륙이라서 어디로 이동할 경우는 차가 필수인 것 같다. 심지어 지인과 간단하게 차를 마시거나 식사를 할 경우에도 이동할 수단이 없으면 나갈 수가 없다. 호주의 시골마을 가게점원과 잠깐 얘기를 나눌 기회가 있었는데 아내가 운전을 못한다고 하니까 너무 놀라운 표정을 지었다. 아내의 나이가 어떻게 되냐고 묻고, 어디가 불편한가. 어떻게 그 나이가 되도록 운전을 못하냐는 식의 반응을 보이며 너무 신기하다는 듯이 되묻는다. 그만큼 호주사람들은 차량을 필수로 생각하는 것 같다.

호주 애들레이드 편 109

| | |
|---|---|
| 방문처 | Pichi Richi Railway(퀀 철도 박물관) |
| 주소 | Railway Terrace, Quorn SA 5433 |
| 운영 시간 | 월요일~일요일 9:00~17:00 |
| 연락처 | +61 1800 777 245 |
| 홈페이지 | pichirichirailway.org.au |

| | |
|---|---|
| 숙소 | Rawnsley Park Station(론슬리 파크 스테이션) |
| 주소 | Rawnsley Park Station, Old Wilpena Rd, Hawker SA |
| 체크인, 체크아웃 | 체크인: 14:00~20:00<br>체크아웃: 08:00~18:00 |
| 연락처 | +61 8 8648 0700 |
| 홈페이지 | rawnsleypark.com.au |
| 시설(숙소 유형에 따라 다름) | 레스토랑, 야외 수영장, 아침 식사 가능, 에어컨, 편의점, 셀프 서비스 세탁 시설, 회의 공간, 바비큐 그릴, 수하물 보관, 프런트 데스크(운영 시간제한), 투어/티켓 안내, 무료 와이파이 및 무료 주차 |
| 관련 사진 |  |

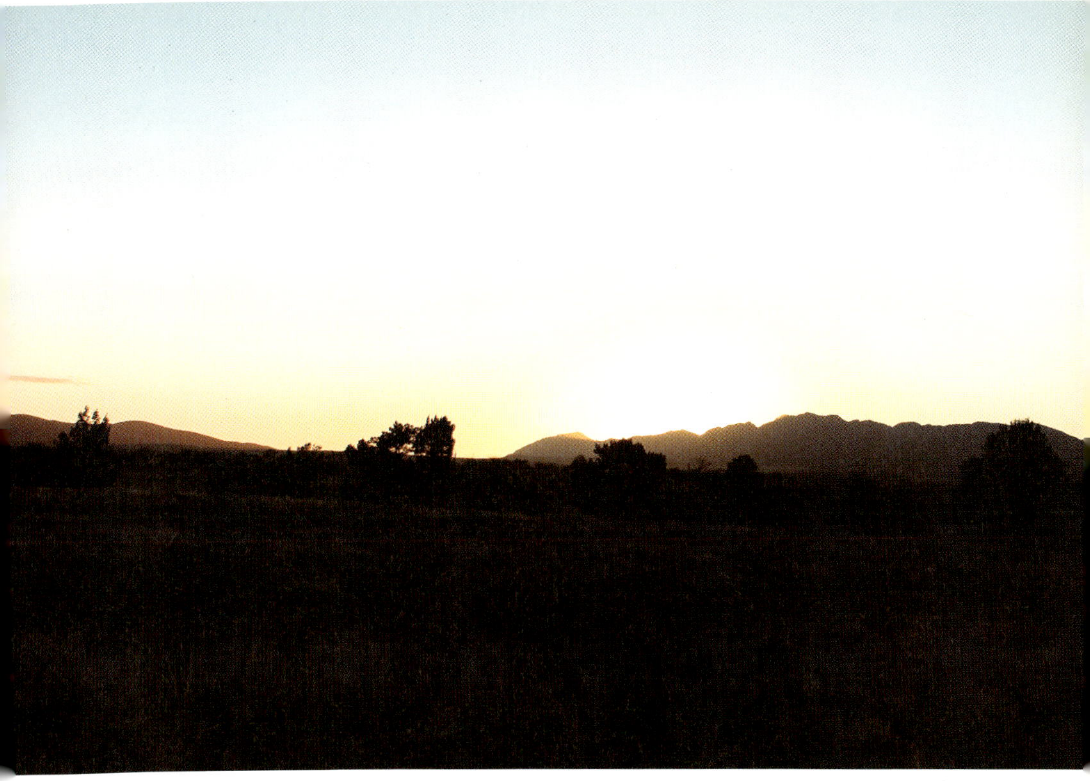

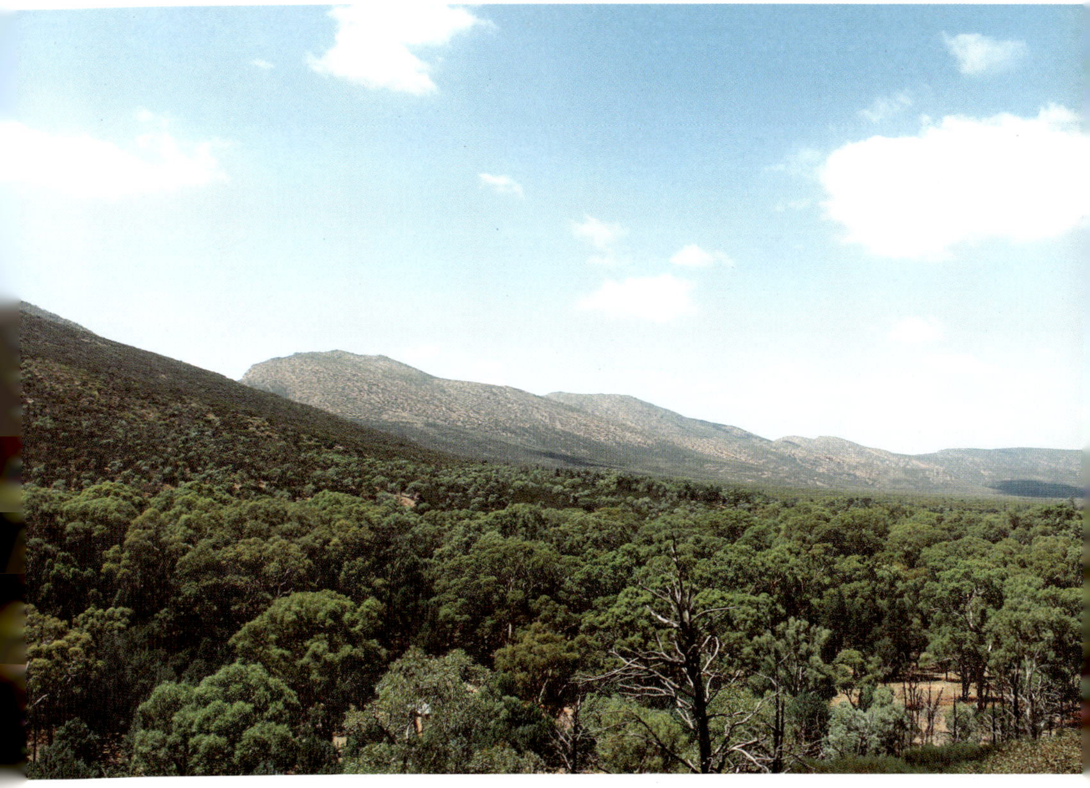

## 2017. 2. 18. (토)

여행 8일차

숙소 → 플린더스 레인지 국립공원(윌페나파운드)
→ Lawnsley Park Station

　호주에 온 지도 일주일이 되어 간다. 시간이 너무 빨리 지나간다. 아내랑 같이 새벽에 산책을 하기로 하였다. 어제 아내는 가위가 눌려서 잠을 제대로 못 잤다고 한다. 오늘은 아이들이 있는 방에서 잘 거라고 한다. 오늘은 날씨가 흐리고 구름이 많다. 그러나 아침공기는 꽤 상쾌하다. 숙소 근처에 책을 쌓은 것 같은 거대한 퇴적층의 산이 눈에 확 들어온다.

　장엄하고 웅장한 모습, 특히 아침 햇빛을 받은 부분이 아름다운 색깔을 나타낸다. 호주의 자연환경은 우리나라에서 볼 수 없는 것들이 많아 또 다른 면에서 아름답고 거대하게 느껴진다. 숙소에 와 보니 아직 아이들은 침대에서 푹 자고 있다. 지난번에 마트에서 구입한 쌀로 밥을 해서 먹기로 했다. 한국에서도 캠핑을 많이 해 봐서 밥하는 것은 자신이 있다. 오늘 아침은 두툼하고 신선한 소고기 스테이크를 먹기로 했다.

　숙소에 있는 전기프라이팬에 고기를 굽고 소스를 곁들여서 맛있게 먹었다. 오늘은 아침부터 트래킹이 있는 날이다. 누나는 경비행기가 타고 싶은지 아직도 아쉬워한다. 오늘은 먼저 윌페나 파운드에서 트래킹을 3시간 정도 할 계획이다. 날이 더워지면 걷는 것이 힘들 것 같아 아침 일찍 서두르기로 했다.

　방문자 센터에서 약도와 트래킹 코스를 안내받고 이동하기로 했다. 윌페나파운드의 지형은 성으로 둘러싸인 분지와 같다. 우리는 그 성안의 분지로 들어간다. 국립

공원이라 에뮤, 사슴, 다양한 동물들이 보인다. 아이들과 나란히 손잡고 트래킹을 하는 모습을 뒤에서 바라보니 키가 다들 올망졸망하다.

 여기도 큰 산불이 발생했었는지 나무가 탄 흔적이 곳곳에 있다. 그리고 이곳 원주민들의 벽화들도 보인다.

 평지를 지나 약간의 경사가 나타나자 아이들이 서서히 힘들다고 불평한다. 전망대 입구에 다다르니 도마뱀도 보이고 흙길이 아닌 바윗길로 되어 있다. 전망대에 올라서 분지 안쪽을 보니 장엄함을 느낄 수 있다. 전망대에는 이미 독일인 관광객들도 연신 사진을 찍으면서 자연의 경이로움에 감탄한다. 우리나라의 산 모양과 달리 펑퍼짐한 것이 커다란 울타리 같아 보인다.

 발아래 안쪽 분지는 밀림과 같고 저곳에는 야생동물들이 많이 살 것 같다. 나무와 바위, 땅들이 다들 특이한 것이 마치 외계행성 같다. 다행히 날씨가 맑고 구름이 드문드문 지나간다. 시원한 바람이 살랑살랑 불어오니 기분이 좋다. 땀을 식힌 후 아이들과 함께 다시 왔던 길로 내려가기로 했

호주 애들레이드 편 115

다. 방문자 센터의 피크닉 장소에 도착해서 점심으로 준비한 바나나, 사과, 꿀, 빵을 먹었다. 디저트로는 시원한 아이스크림도 먹었다.

다시 숙소로 돌아가기로 하고 hucks 전망대에서 윌페나파운드의 장엄함을 멀리서 다시 보기로 하였다. 여기도 곳곳에 로드킬 당한 캥거루의 사체가 널려 있다.

아이들이 숙소로 가자고 재촉한다. 이유는 단 한 가지. 어제처럼 수영장에 풍덩 들어가고 싶은 것이다. 한국은 지금 한겨울이라 눈이 내리지만 여기는 여름이라서 수영하기에 딱 좋다. 도로에는 차가 별로 없었고 숙소까지 안전하게 돌아왔다. 석양이 아름다웠다. 오늘도 무사히 지나갔다. 호주에서 산다면 우리나라와 달리 여유로움이 있겠지만 한편으론 너무 한가로워 재미가 없을 것 같기도 하다.

| | |
|---|---|
| 방문처 | Wilpena Pound(윌페나파운드) |
| 주소 | Wilpena Pound Visitor Information Centre Flinders Ranges |
| 운영 시간 | 월요일~일요일 8:00~18:00 |
| 연락처 | +61 8 8648 0048 |
| 입장료 | 무료 |
| 홈페이지 | wilpenapound.com.au |
| 관련 사진 | 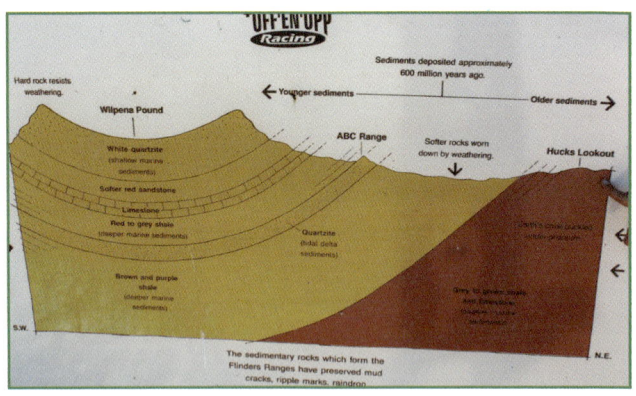 |

## 2017. 2. 19. (일)

여행 9일차
퀸 → 윌밍턴 → 멜로즈(DD'S B&B and Wozza's Vault Cafe)

날이 밝아오고 어제와 같이 아내와 숙소 주변을 산책하기로 했다. 어제보다 구름이 많지 않아 일출을 볼 수가 있었다. 저 멀리 있는 산의 모서리에서 떠오르는 태양이 멋있고, 햇빛이 맞은편 산맥에 드리울 때 산맥의 퇴적층이 어제와 또 다른 아름다운 빛깔을 나타냈다. 오늘은 왔던 길과는 조금 다른 남쪽으로 내려가 윌밍턴을 거쳐 멜로즈의 DD'S B&B and Wozza's Vault Cafe로 이동한다. 떠나기 전 숙소에 남겨진 옷이나 물건들을 다시 한 번 확인해 보았다. 아이들은 회전형 빨랫줄에 널어놓았던 수영복을 먼저 챙긴다.

미국 서부 영화에나 나오는 회전형 빨래 건조대가 꽤 인상적이다. 수영복을 대충 챙겨 큰 비닐봉지에 담아 차 트렁크에 두었다. 오늘도 기회가 되면 수영을 하고 싶다고 한다. 호주는 아이들의 천국 같다. 우리의 전체 루트는 남호주의 맨 아래쪽에 위치한 캥거루섬에서 북쪽으로 올라와 다시 남쪽으로 내려가는 코스이다. 오늘의 여행 루트는 남쪽으로 내려가는 코스이다. 남호주의 주도인 애들레이드에 입성하기에 앞서 도시 인근의 시골에서 더 머물다가 내려가기로 했다. 남쪽으로 내려가는 길에 캥거루와 에뮤떼를 보았다. 그들도 어딘가로 열심히 뛰어간다.

얼마 후 퀸에 도착했다. 여기도 작은 시골마을이다. 아이들이 먼저 발견한 것은 놀이터이다. 놀이터에서 한 판 놀고 쉬었다가 멜로즈로 갔다.

멜로즈도 고즈넉한 시골마을이다. 우리의 숙소 앞에도 놀이터가 있었다. 숙소에 체크인을 하고 짐을 나른 후 놀이터에서 놀기로 했다. 여기 숙소도 이색적이고 특이하다. 아주머니 사장님은 카페와 숙소를 모두 운영하고 있다. 우리의 방은 2개인데 옛날 은행  건물을 리모델링한 것 같다. 입구 첫 번째에 위치한 방에는 싱글침대가 2개, 다른 방은 더블침대가 1개가 있고 공용 욕실과 부엌이 있다. 그리고 거실을 나서면 주인이 있는 집인데 이 집에 남자아이가 있다. 주인집의 큰아들은 멜버른에서 일을 하고 10살짜리 아이가 여기에 살고 있다. 우리 애들과 처음에는 서먹했지만 나중에는 서로 친근하게 어울렸다. 아이들은 쉽게 공감대를 형성하는 것 같다. 언어는 다르지만 놀이기구활동을 하면서 같이 친해질 수 있었다.

그 집 마당에 커다란 트램펄린이 있는데 이 집의 남자아이인 닉콜라스가 같이 하자고 했다. 닉콜라스가 공중회전의 묘기를 부릴 때마다 우리 아이들은 탄성을 지른다. 그러다 닉이 갑자기 쓰러진 척 연기를 하자 아이들은 서로를 보면서 웃는다.

마당에는 아주머니께서 기르는 새들과 새장도 있었다. 아주머니의 친절한 설명으로 다양한 종류의 새들도 만날 수 있었다. 이 집에는 귀여운 개 한 마리도 있었다. 우리 아이들이 너무나도 희망하는 것들의 총 집합소였다. 숙소 거실에는 피아노가 있어 피아노 연주를 한 번씩 해 보았다. 이 숙소의 장점은 숙소 옆에 식료품점과 자전거 가게가 있다는 것이었다. 식료품점에서 피자를 사고, 자전거 가게에서 자전거를 빌릴 수 있는지 문의해 보았다.

 작은 초등학교도 우리의 시야에 들어왔다. 운동장이 크지는 않지만 우리나라처럼 교문 안으로 보이는 운동장과 건물이 비슷해 보인다.

우리는 동네를 산책해 보기로 하였다. 동네를 한 바퀴 돌아보는데 시간이 20분도 채 걸리지 않았다. 한적한 작은 시골마을이 마음에 든다. 다시 숙소로 오니까 아주머니께서 카페의 문을 닫기 시작한다. 잠시 후 들어가고 나가는 방법을 친절하게 안내해 주신다. 오늘은 이만 집에서 쉬기로 했다. 그러자 아주머니께서는 아이들과 함께 놀 수 있도록 보드게임을 주셨다.

짐을 다 정리하고 나자 피곤이 몰려온다. 아이들도 피곤한지 일찍 침대로 간다. 무엇보다 닉콜라스와 아이들이 함께한 트램펄린 활동이 힘들었던 것 같다. 내일을 위해 일정을 점검하고 일찍 자기로 했다.

| | |
|---|---|
| 숙소 | DD's Old Bank House Bed & Breakfast and Wozza's Vault Cafe |
| 주소 | DD's Old Bank House Bed & Breakfast and Wozza's Vault Cafe 10 Stuart St, Melrose SA |
| 체크인, 체크아웃 | 체크인: 12:00~20:00<br>체크아웃: 10:00~11:00 |
| 연락처 | +61 8 8666 2211 |
| 홈페이지 | oldbankhousebnb.com.au |
| 시설 | 무료주차, 무료 와이파이, 공용주방, 공용 욕실, 마당 |
| 특징 | 주인아주머니께서 가족처럼 친절하시고, 다양한 체험활동으로 새장구경, 가족끼리 할 수 있는 보드게임 등을 안내해 주신다. |
| 관련 사진 |  <br> |

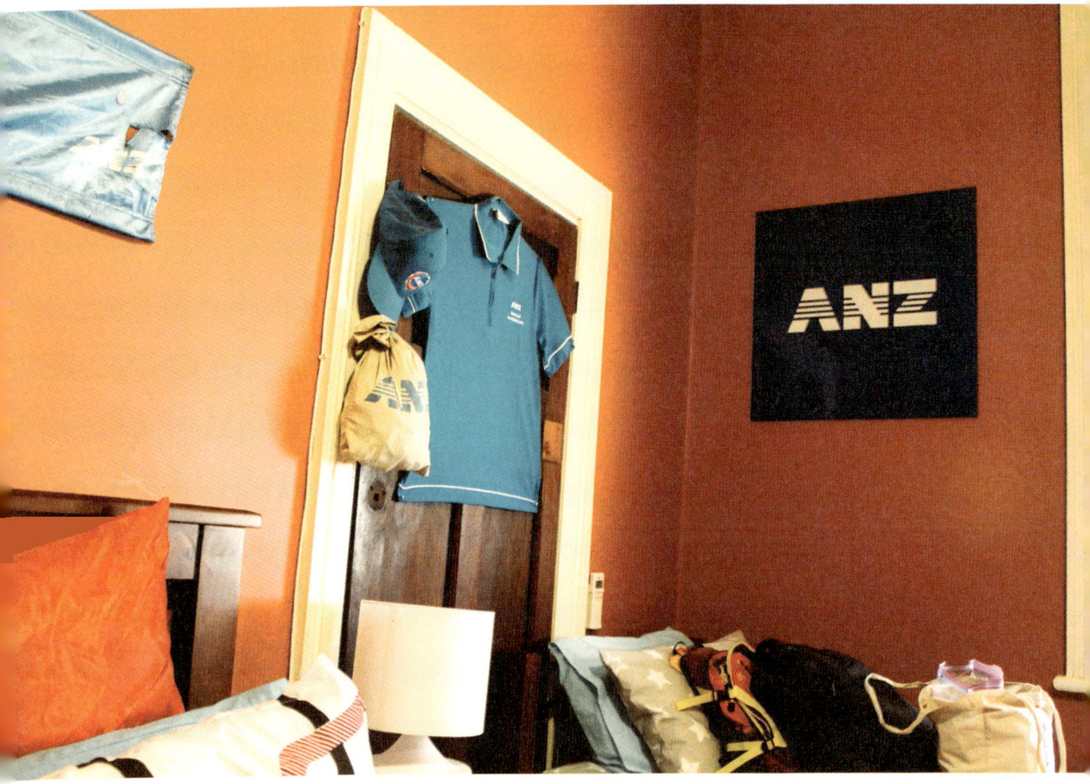
ANZ

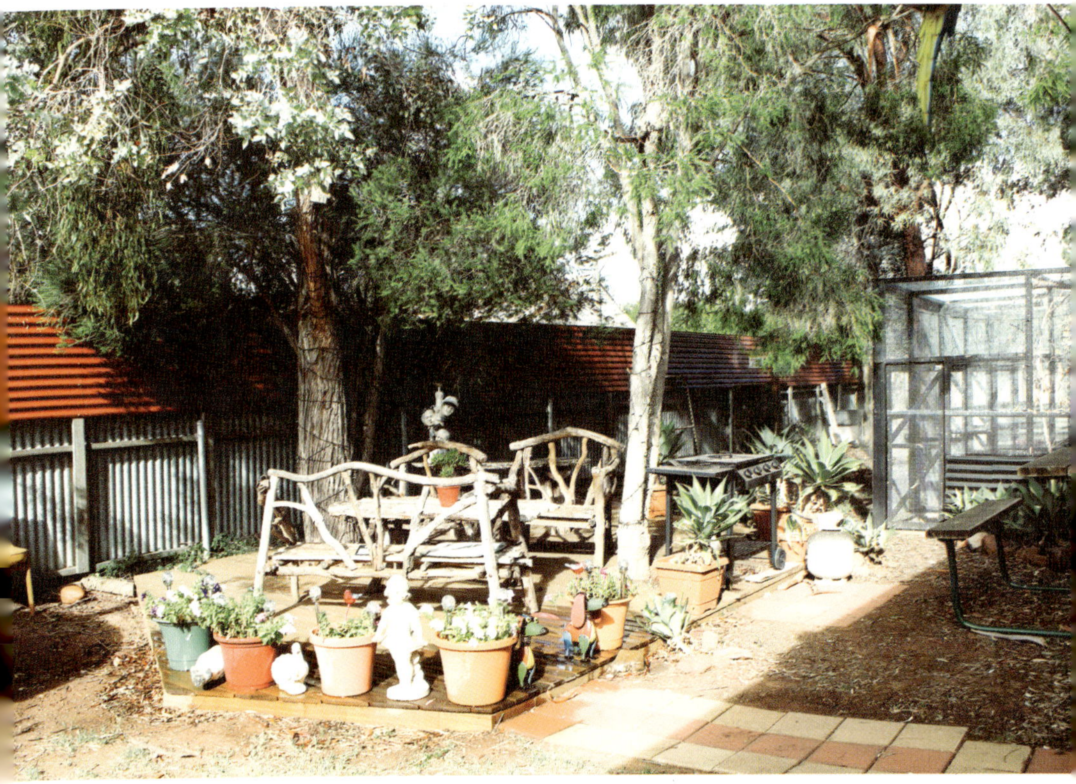

## 2017. 2. 20. (월)

여행 10일차

멜로즈 → 클리어 밸리 → 세븐힐

→ 바로사 벨리(Barossa Valley Tourist Park)

아침이 밝았다. 오늘 아침 식사는 숙소에서 해결하기로 했다. 숙소의 이름에서도 알 수 있듯이 아침이 제공되기 때문이다. 아주머니의 요리솜씨는 일품이었다. 서양식이긴 했지만 베이컨, 계란프라이, 토스트, 커피, 주스, 과일 모두 다 맛있게 먹었다.

월요일이라 도로변에는 아이들이 스쿨버스를 타기 위해 줄을 서서 기다리고 있다. 아주머니는 바쁜 와중에도 닉을 깨우고 학교에 갈 준비를 시킨다.

호주는 우리나라와 학사 일정이 달라서 지금 학교를 간다. 닉은 학교교과수업 전에 학교교육과정에 스포츠 활동으로 오전에 수영을 한다고 한다. 우리나라와 비교해 볼 때 호주 아이들의 학업 스트레스 정도는 낮을 것 같다. 우리나라의 각박한 삶과 호주의 여유로운 삶. 인생에서 무엇이 중요하며 또 행복하게 사는 것은 과연 어떤 삶일까 하는 생각도 든다. 숙소를 떠나기 전 셀카봉을 활용하여 아주머니와 함께 단체기념사진을 찍었다.

오늘의 목적지는 바로사 벨리의 캠핑장이다. 바로사 벨리는 애들레이드 북동쪽에 위치하며 호주 최대의 와인 산지로 수많은 관광객들이 찾는 곳이다. 우선, 캠핑장으로 가기에 앞서 울워스 마트에서 장을 보았다.

호주 애들레이드 편 131

그리고 클리어 밸리의 인포메이션 센터에서 잠시 자전거를 빌려 세븐 힐까지 자전거를 타기로 했다.

아이들은 처음에는 힘들어했지만 양쪽에 펼쳐진 포도밭과 와인 산지에서 자전거 타기는 놓칠 수 없는 여행코스라는 것을 강조하니 다들 자전거족이 되어 열심히 달렸다. 자전거 타기는 기대 이상으로 더 좋았다. 자전거 코스 중에 와인공장과 커다란 놀이터도 있었다.

와인공장과 커다란 놀이터가 있는 평지여서 힘들지 않게 라이딩을 즐길 수 있었다.

여유 있게 라이딩을 하고, 자전거를 반납한 후 차를 타고 우리의 숙소인 Barossa Valley Tourist Park로 이동하였다. 이곳 캠핑장은 규모도 크고 다양한 시설이 있었다. 특히 아이들이 좋아하는 수영장이 있었고, 넓은 공원, 샤워장, 게임장, 가게 등의 다양한 편의 시설이

있었다. 아이들은 해가 지기 전까지만 수영하기로 했다. 지금 호주의 낮은 덥고 저녁은 가을처럼 쌀쌀해서 일교차 때문에 감기에 걸릴 수도 있기 때문이다. 여행기간 내내 운전을 계속해야 했고 컨디션 조절을 위해 수영장에 들어가지 않았다. 혹시 감기라도 들면 운전할 사람이 없었기 때문이다. 수영을 하고 아이들은 샤워장에 바로 들어가서 샤워 후 저녁을 먹기로 했다. 나는 성인들이 사용하는 뜨거운 물이 잘 나오는 샤워장에 가기로 하고 그곳을 갔는데 문에 잠금장치가 있었다. 다시 숙소로 가기에는 거리가 있어서 지나가는 아주머니에게 조심스럽게 물어서 간신히 들어갈 수 있었다. 캠핑장이 넓고 편의시설이 많지만 거리가 다소 떨어져 있어서 움직일 때는 생각하고 가야 한다. 따뜻한 물로 몸을 깨끗하게 씻고 나서 숙소에서 저녁을 먹으니 꿀맛이다. 오늘 저녁요리는 스테이크와 흰 쌀밥과 과일, 김이다.

캠핑장은 어느덧 밤이 되었다. 우리나라와 달리 늦은 시간까지 떠들썩하게 술을 마시는 사람들이 거의 없다. 남을 위한 배려로 조용히 독서를 하거나 와인을 마시며 여유를 즐기는 노부부들을 보았다. 나 또한 저렇게 늙고 여유를 가질 수 있을까 부럽기도 하였다.

| | |
|---|---|
| 숙소 | BIG4, Barossa Valley Tourist Park(바로사 벨리 여행자 공원) |
| 주소 | Barossa Valley Tourist Park Penrice Rd, Nuriootpa SA |
| 연락처 | +61 8 8562 1404 |
| 홈페이지 | barossatouristpark.com.au |
| 시설 | 야외 수영장, 캠핑장 |
| 관련 사진 |    |
| 방문처 | Clare Valley(클리어 벨리) |
| 주소 | Clare Valley Visitor Information Centre 8 Spring Gully Rd, Clare SA |
| 운영 시간 | 월요일~일요일 9:00~17:00(단, 금요일 9:00~19:00) |
| 연락처 | +61 1800 242 131 |
| 입장료 | 무료 |
| 홈페이지 | clarevalley.com.au |

## 2017. 2. 21. (화)

여행 11일차

바로사 벨리 → 제이콥스 크리크 방문자센터 → 속삭이는 벽 → 글레넬그(Glenelg Motel)

아이들은 아침 일찍부터 수영장에 가려고 한다. 하지만 이른 아침은 생각보다 추워서 수영장 대신 실내 게임장으로 가기로 했다.

아이들이 노는 사이, 나는 캠핑장 숙소 시설을 꼼꼼하게 살펴보고 사진을 찍어두었다. 안전에 관한 장치들이 곳곳에 설치되어 있었다. 우리나라의 캠핑장에도 시설이 좋긴 하지만 이곳 시설이 더 섬세하게 갖추어져 있었다. 특히 안전과 관련된 장치가 잘 되어 있었다.

이제 짐을 차에 다 싣고 제이콥스 크리크 방문자 센터로 가기로 했다. 이곳에는 세계적으로 유명한 와인산지가 있다. 와인은 무료 시음인데 주변에 와인 잔이 널려 있어서 조심해야 한다. 여기도 중국인 단체 관광객들이 몰려 왔었는데 그때 '와장창' 하고 와인잔이 깨지는 소리가 들렸다. 중국인들은 단체로 와서 조심성이 없이 와인잔 쪽으로 몰려들다가 대형 사고가 발생한 것이다. 우리는 여기서 레드, 화이트 와인을 3병 구입하였다.

제이콥스 크리크 전망대에서 내려다본 와인밭은 거대하고 광활했다. 캥거루 테일이라는 식물도 발견할 수 있었다. 호주에서는 대륙에서 볼 수 없는 다양한 식물들을 발견할 수 있는데, 특히 유칼립투스나 캥거루 테일, 다양한 풀들을 볼 수 있다. 캥거루 꼬리와 비슷하다고 해서 붙인 이름인데 원래 이름은 잘 모르겠다.

다음 목적지는 속삭이는 벽이다. 속삭이는 벽은 댐인데 한쪽 벽에서 얘기하면 반대편에서 또렷하게 들린다고 해서 속삭이는 벽이라고 불린다. 호주 최초의 아치형의 높은 댐이다. 작은딸이 댐 입구에서 얘기하고 조카가 댐 반대편에서 들었는데 생각보다 훨씬 잘 들렸다.

이곳에서 학교의 문제아 같아 보이는 껄렁한 아이들을 만났다. 동양인인 나에게 '헤이 멍키'라고 놀린다. 이곳에는 마약을 하는 아이들이 있고 칼부림을 한다는 나쁜 소식을 들은 적이 있어 못 들은 척하고 그냥 무시하고 갔다.

점심은 포트 애들레이드의 포트몰로 가서 해결하기로 했다. 식사 후에는 pets land의 새장을 파는 가게로 들어가서 살아 있는 앵무새를 만져볼 수 있었다.

다시 차를 타고 남쪽으로 내려가서 우리의 숙소인 글레넬그 모텔에 도착했다. 애들레이드에서 바다와 접해 있는 글레넬그 비치는 우리나라의 해안만큼 아름다운 곳으로 꼭 가봐야 할 장소로 손꼽히곤 한다. 숙소의 주차장을 찾기 위해 2번 정도 돌 수밖에 없었다. 왼쪽이 가는 길이라서 숙소가 길 오른쪽에 위치하면 조심스럽게 우회전을 해야 하기 때문이다. 숙소 카운터에 들어가서 우리의 숙박 영수증을 제시하자 절차대로 진행하였다.

여권복사본은 어떻게 처리하느냐는 질문에 그분이 몸소 소리를 내면서 분쇄를 한다고 한다. 개인정보라는 것을 강조하여 다시 물어보니까 갑자기 점원이 직접 일어나서 머신에 종이를 넣는 시늉을 하면서 입으로 '드르러러' 소리를 낸다. 즉 파쇄기로 파쇄한다는 의미인데 표현이 재미있고 친절하다. 나는 미소로 화답하였다. 숙소에서 짐정리를 하고 나니 아이들은 수영장에 가 있었다. 큰딸과 작은딸은 수심이 깊어서 계단에서 일광욕을 즐기고 있었다. 그때 조카가 옆에서 여유를 즐기는 노부부가 있는데도 수영장 밖에서부터 달려와 첨벙 뛰어든다. 나는 조카를 불러서 기본예절을 지켜야 한다는 것을 강조하면서 훈계하였다. 너무 공개적으로 혼을 내었는지 조카도 내 눈치를 보면서 한동안 냉전의 시간이 있었다.

저녁은 제티거리와 글레넬그의 해변의 석양을 보면서 해결하기로 했다. 도보로 멀지 않은 거리에 있어서 우리는 걷기로 했다. 글레넬그 해변으로 걸어가는 와중에 조카가 잘못에 대해 용서를 구하였다. 아직 어려서 그럴 수 있다고 이해하고 용서해 주기로 했다.

204
Grow your super
statewide.com.au
Statewide
The award-winning
super team
anyone can join.
tatewide
Super

글레넬그의 석양은 정말 멋지고 아름다웠다. 근처에 공항이 있었는데 석양 속에서 비행기가 이륙하는 장면이 특히 아름다웠다. 한편 해변의 놀이터가 아이들을 사로잡는다.

아이들은 미끄럼틀, 그네, 줄타기를 하면서 올라가서 미끄럼틀로 내려오는 것을 반복하였다. 이곳이 애들레이드의 명소인 것 같았다. 많은 연인들과 가족들이 석양을 만끽하면서 사진을 찍고 여유를 즐기는 모습이었다.

저녁은 서브웨이(햄버거 전문점)에서 해결하였다. 슬라이스 햄, 토마토, 오이, 피클, 토마토소스 등을 내 입맛에 맞게 골라 넣어 먹을 수 있는 것이 좋았다.

햄버거를 먹고 난 후 근처 아이스크림 가게에서 아이스크림을 사 먹었다. 숙소로 가는 길에 밤하늘에는 별이 쏟아지듯 많았다.

여기도 도심이지만 호주의 하늘은 청정이라 흰색 띠의 은하수도 관찰할 수 있었다. 아내랑 나는 잠시 숙소의 빨래 건조대에 빨래를 널고 밤하늘의 별과 달을 감상하였다.

내일이면 애들레이드 시내로 들어간다. 여행 11일차로, 달의 모양도 많이 변했다.

| | |
|---|---|
| 방문처 | Jacob's Creek(제이콥스 크릭) |
| 주소 | Jacob's Creek Visitor Centre 2129 Barossa Valley Way, Rowland Flat SA |
| 운영 시간 | 월요일~일요일 10:00~17:00 |
| 연락처 | +61 8 8521 3000 |
| 입장료 | 무료 |
| 홈페이지 | jacobscreek.com |

| | |
|---|---|
| 방문처 | whispering wall(속삭이는 벽) |
| 주소 | whispering wall 65 Whispering Wall Rd, Williamstown SA |
| 운영 시간 | 월요일~일요일 8:00~18:00 |
| 연락처 | +61 8 8563 8444 |
| 입장료 | 무료 |
| 홈페이지 | barossa.sa.gov.au |
| 관련 사진 |   |

| | |
|---|---|
| 숙소 | Glenelg Motel(글레넬그 모텔) |
| 주소 | Glenelg Motel 41 Tapleys Hill Rd, Glenelg North SA |
| 체크인, 체크아웃 | 체크인: 12:00~21:00<br>체크아웃: 07:30~10:00 |
| 연락처 | +61 8 8295 7141 |
| 홈페이지 | glenelgmotel.com.au |
| 시설(숙소 유형에 따라 다름) | 수영장, 건조대, 무료 주차, 무료 와이파이, 에어컨, 전용 욕실, 평면 TV, 차/커피 메이커, 샤워시설, 전화, 헤어드라이어, 냉장고, 욕실용품, 화장실, 난방 시설, 손님용 화장실, 소파, 전기 주전자, iPod 도킹 스테이션, 옷장, 타월, 야외용 가구 |
| 관련 사진 | |

호주 애들레이드 편 151

## 2017. 2. 22. (수)

여행 12일차

글레넬그 → 애들레이드 시내 관광(빅토리아 광장, 센터럴 마켓, 런들몰) → Adelaide Backpackers and Travellers Inn

아침 일찍 일어나서 차량을 정리하였다. 여행기간 동안 무사히 잘 달려 준 렌터카를 이제 반납해야 한다. 먼저 차량을 간단히 청소하고 개인소지품을 흘리지는 않았는지 자세히 살펴보았다.

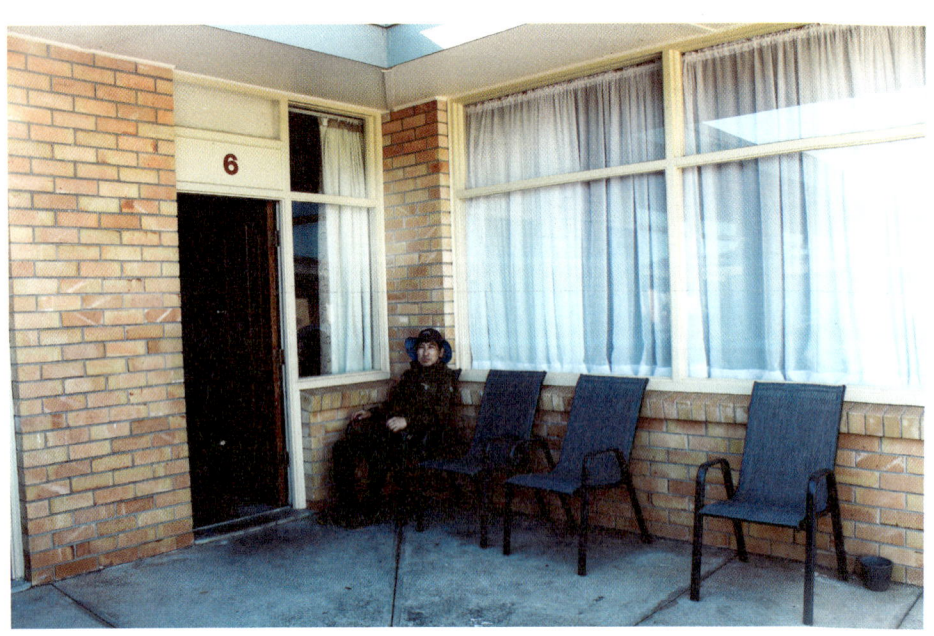

여행 기간 동안 우려했던 고장이나 사고가 없어서 다행이다. 특히 아웃백 오지로 갔을 때 긴장과 걱정을 많이 했었다. 스페어타이어를 교체해야 하는 경우가 생길 수 있고 비상 상황도 있을 수 있었으나 다행스럽게도 그런 경우가 없어서 천만다행이다. 숙소에 널어두었던 빨래를 걷고 짐을 정리하였다. 일단, 짐이 많은 관계로 애들레이드에 있는 숙소에 먼저 짐을 내리고 렌터카를 반납하기로 하였다.

시내 중심가와 힌들리 거리에 위치한 숙소까지는 20분이 소요되었다. 숙소의 직원들이 무척 친절했다. 숙소의 젊은이들이 무거운 짐을 나르는 것을 도와주었다. 주인은 힌들리 거리가 보이는 곳의 방이 아닌 반대쪽의 가족들끼리 사용하는 방을 안내해 주었다. 왜 그럴까? 우리는 괜찮은데… 그러는 찰나 주인의 얼굴표정이 좀 이상했다. 왠지 이 방에 문제가 있는 것처럼 반대쪽으로 안내를 해 준다. 숙소에 짐을 놓고 중요한 것만 챙겨서 내려가기로 했다. 혹시나 해서 애들레이드 영사관에 전화를 해 보았다. 가족끼리 자유여행을 가면 그 지역 영사관에 전화를 해서 이곳 치안 상태가 어떤지, 우리의 여행루트에 대해 간단한 조언도 받기 때문이다. 통화가 된 영사관 직원에게 우리 숙소의 위치를 말해주니 깜짝 놀란다. 즉 우리가 부킹닷컴을 통해 예약한 애들레이드 백페커스는 힌들리 거리에 위치하는데 마약과 매춘이 유일하게 허용된 거리라고 한다(맙소사!). 그러니 조심하라는 말을 건넨다. 이미 숙소를 예약했다고 하니 가급적 밤에는 돌아다니지 말라고 한다. 왜 하필 이곳이 검색이 되었을까? 보통 아이들이 있는 상태에서 숙소를 조회하면 치안이 좋지 않은 곳은 검색에서 제외된다고 하던데 꼭 그렇지도 않은가 보다. 아무튼 마음을 단단히 먹고 밥만 먹고 일찍 들어오기로 했다.

렌터카를 반납하고 영수증을 받았다. 추가 요금은 없었다. 호주는 교통범칙금이 추후에 항공우편으로 날아올 수도 있다고 한다. 하지만 행정처리가 우리나라에 비해 워낙에 느려 한 지인은 교통범칙금 고지서가 1년 반 후에 왔다고 한다. 과거에 호주 멜버른에서 렌트했을 때도 고지서는 받지 못했다. 이번에도 이상이 없기를 기원하며 애들레이드에서 유명한 빅토리아 광장으로 향했다. 빅토리아 광장은 애들레이드 시티 중심에 있는 광장으로 근처에는 센트럴 마켓, 센트럴 버스 스테이션이 있어 사람들로 붐비는 곳이기도 하다. 빅토리아 광장에 내려 코리아나 마트에 잠깐 들렀다.

한국 사람이 운영하는 곳으로 매장에는 한국의 일반 슈퍼와 같이 품목이 다양한데 특히 캥거루 고기가 눈에 띄었다. 아주머니께 반갑게 인사하고 어디에서 왔는지 서로 여쭤 보았다. 우리는 관광차 들렀고 우리의 숙소를 얘기하니 영사관 직원과 같은 답변을 한다. 너무 걱정됐지만 숙소를 옮길 수 없어 그냥 조심하기로 했다. 걱정은 잠시 잊고 빅토리아 광장 근처의 '엄마김밥'이라는 한식당에서 짜장면, 비빔밥, 돌솥비빔밥, 김치전 등을 맛있게 먹었다.

가격도 저렴한 데다 한국에서의 맛과 똑같고 직원도 한국 사람이라 너무 반가웠다. 식사 후 센트럴 마켓에 가서 구경을 하며 다양한 먹거리를 즐겼다.

아이스크림과 젤리 등의 아이들 간식과 메론 등의 과일을 구입하였다. 관광을 하면서 걱정과 두려움을 잠시나마 잊을 수 있었다. 다시 센트럴 마켓에서 트램을 타고 런들몰로 이동하였다. 런들몰의 기념품가게에서 동전 지갑을 구입하였다. 런들몰 거리에는 돼지형제들이라는 인상적인 동상들이 있었다. 쓰레기통을 뒤지는 돼지, 앉아 있는 돼지 등의 다양한 캐릭터들이 있었다. 거리에서는 깜짝 공연도 진행되고 있었다.

우리는 다시 코리아나 마트에 가서 라면과 햇반 등을 구입한 후 숙소로 이동하였다. 저 멀리 토렌스 강이 보이고 빌딩 숲 사이로 해가 지는 모습이 멋있었지만 한편으론 다시 불안감이 엄습하기 시작했다. 유일하게 마약이 허용된 거리라니, 우리는 숙소로 빨리 이동하기로 하였다. 다행히 어두워지기 전에 숙소에 들어갔다. 모레는 공항을 가야 해서 픽업서비스를 예약하기 위해 카운터의 주인에게 얘기를 하자 친절하게 기사님께 연락하여

예약까지 해 주었다. 평소 일정과는 달리 숙소에 일찍 들어와서 씻고 TV를 보고 보드게임을 하였다. 오늘도 역시 무사함에 감사하다.

| | |
|---|---|
| 방문처 | Rundle Mall(런들몰) |
| 주소 | Adelaide SA 5000 |
| 운영 시간 | 월요일, 화요일, 수요일, 목요일 9:00~19:00<br>금요일 9:00~21:00<br>토요일 9:00~17:00<br>일요일 11:00~17:00 |
| 연락처 | +61 8 8203 7200 |
| 입장료 | 무료 |
| 홈페이지 | rundlemall.com |
| 특징 | 애들레이드의 중심 상권이 형성되어 있는 곳으로 쇼핑, 카페, 각종 기념품점, 백화점, 관광 안내소가 있다. |
| 관련 사진 | |

| | |
|---|---|
| 숙소 | Adelaide Backpackers and Travellers Inn<br>(애들레이드 백패커스 숙소) |
| 주소 | Adelaide Backpackers and Travellers Inn 262 Hindley St, Adelaide SA |
| 체크인,<br>체크아웃 | 체크인: 11:00~00:00<br>체크아웃: 07:00~10:00 |
| 연락처 | +61 8 8231 9524 |
| 시설 | 주차 불가, 무료 와이파이 |
| 관련 사진 | |

Museum
Membership
4 million objects
560 million years
of life on Earth
Join today for a
world of endless
benefits
South Australian Museum

RAILWAY STATION
131008

### 2017. 2. 23. (목)

**여행 13일차**
보타닉 가든, 노스테라스, 페스티벌 센터

어제 밤에 사이렌 소리가 간간히 들리기도 했지만 우리 숙소에는 아무 일도 없었던 것 같다. 아침에는 잠깐 아내랑 산책을 나가보기로 했다. 밤에 약간의 소음이 있었지만 아침의 거리는 조용했다.

주인장과 눈이 마주쳤는데 다소 초췌해 보인다. 아내와 나는 거리의 예술과 같은 벽화들 앞에서 사진을 찍었다. 여기가 그렇게 무시무시한 곳이란 것이 믿기지 않는다. 이른 아침이라 취객들이 몇몇 보였지만 조용한 편이었다. 숙소에 돌아와서 아침을 간단히 해결한 후 트램을 타고 토렌스 강 주변을 가기로 했다. 아이들은 신이 났는지 휘파람을 불면서 숙소 계단을 내려간다. 그 순간 숙소 복도에서 경찰 3명이 나란히 우리의 시선에 들어왔는데 심각해 보인다.

분명 이 숙소에 무슨 일이 생겼던 것 같다. 주인장의 표정이 좋지 않았다. 아무튼 이 숙소도 내일이면 떠나니 아무 일이 없기를 빌면서 트램을 타고 레일웨이 스테이션 역에서 내려 토렌스 강 쪽으로 걸어갔다.

다양한 축제와 행사가 이곳 잔디광장에서 열리는 것 같다. 무대장치 같은 것들을 분주하게 준비하고 있었다. 보타닉 가든 쪽으로 들어가서 다양한 식물들을 보고 산책하면서 힐링을 하였다. 아이들은 벌써 배가 고픈 모양이다. 다시 방향을 틀어 도서관과 과학관을 둘러보기로 하였다. 도서관

입구에는 많은 학생들이 현장체험을 왔는지 인솔교사와 함께 교육을 받고 있었다.

인포메이션 센터에 안내를 받으러 가니까 직원이 직접 도서관과 과학관을 안내를 해 준다고 한다. 직원 한 분과 우리는 안내에 따라 엘리베이터를 타고 도서관 안으로 들어갔다. 엘리베이터 안에서 어디서 왔냐고 하길

래 한국이라고 하니 어떤 분이 한국의 부산을 잘 알고 있다고 한다. 보통 외국인들이 해외에 오면 일본 아니면 중국인 아니냐고 묻는데 대한민국의 부산을 안다고 하니 매우 반갑다. 여성 직원 분은 계속 영어로 아이들에게 안내를 한다. 조카가 잘 알아듣는지 안내를 잘 따르는 것 같다. 가이드분은 헤리포드에 나오는 도서관과 같다며 스토리텔링식으로 설명한다.

우리는 오래된 옛날 도서가 있는 테이블에 앉았다. 옛날 도서에 코를 대고 냄새를 맡아보라고 하니 조카가 적극적으로 냄새를 맡아본다. 체험이

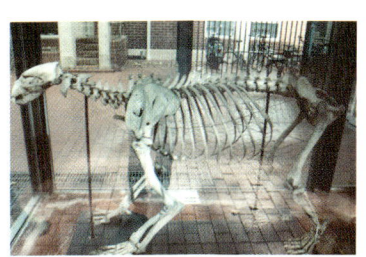

끝난 후 과학관이 있는 곳의 안내를 받았다. 어딜 가나 친절하게 안내해 주시는 분들이 있어 감사하다. 주립 과학관이라고 하기에는 규모가 다소 작아 보인다. 우리나라의 과학관 규

**호주 애들레이드 편** 163

모와 달리 아기자기하고 일반 과학관처럼 공룡 화석들과 지질과학관 같은 성격의 과학관이다.

체험이 끝난 후 누나와 아내가 있는 박물관 카페로 다시 왔다. 아이들은 아이스크림을 먹고 나는 아포카토를 시켜 먹었다. 금강산도 식후경이라 벌써 점심시간이 되어 간다. 아이들은 어제 먹었던 비빔밥 가게를 또 가고 싶단다. 원래는 애들레이드 대학과 박물관을 갈 계획이었는데…. 아이들 대신 나 혼자 가 보기로 했다(난 어딜 가게 되면 호기심 반, 의무감 반으로 계획한 것을 꼭 실천하는 성격이다). 박물관은 규모는 꽤 큰 편이다. 아이들과 남호주 관광을 한 후 박물관을 들른다면 교육적으로 의미가 있을 것 같다. 아니면 그 반대 일정도 좋을 것 같다. 박물관은 층별로 윌페나파운드와 같은 거대한 지질형성과정과 동식물, 화석, 광물, 다양한 도구, 호주 원주민들의 생활사에 대한 자세한 안내 자료가 전시되어 있어 남호주를 이해하는 데 많은 도움이 될 것 같다.

다시 근처에 있는 애들레이드 캠퍼스로 이동하였다. 젊은이들이 넘쳐나고 대학가라는 것을 단번에 알아차릴 수 있다. 입구에 있는 캠퍼스의 약도를 보니 종합대 같아 보이지만 우리나라처럼 커다란 교문이 있어 보이지 않는다. 자유롭게 오픈된 공간들이 펼쳐진다. 학생들은 서로 토론과 얘기를 나누고 있었다.

　설립자의 동상이 보이고, 식당가로 내려가 보았다. 다양한 메뉴가 보이는데 거의 다 샌드위치, 과일샐러드 같아 보인다. 다시 아이들이 있는 곳에 합류하여 어제 먹었던 곳으로 이동하였다. 호주에서의 마지막 점심이다.

　오늘도 엄마김밥에서 비빔밥을 시켜서 먹었다. 아이들은 비빔밥을 한 톨도 안 남기고 깨끗하게 다 먹었다. 이제는 남호주가 그리울 것 같다.

점심을 먹은 후 근처 쇼핑몰에서 보드게임과 내일 아침에 간단하게 먹을 과일 등을 구입하였다. 트램을 타고 숙소로 와서 내일 한국으로 갈 준비를 하였다. 모든 짐을 정리하고 호주에서 있었던 꿈만 같던 순간들을 회상해 보았다.

우리의 항공권은 스탑오버라서 말레이시아 쿠알라룸푸르에서 1박을 하기로 되어 있다. 주인장에게 내일 픽업택시를 다시 확인해 보았다. 6명과 짐을 실을 수 있는 크기의 밴이 온다고 한다. 생각보다 저렴하고 안전하게 이른 시간에 갈 수 있다고 한다.

| | |
|---|---|
| 방문처 | South Australian Museum(남호주 박물관) |
| 주소 | North Terrace, Adelaide SA 5000 |
| 운영 시간 | 월요일~일요일 10:00~17:00 |
| 연락처 | +61 8 8207 7500 |
| 입장료 | 무료 |
| 홈페이지 | samuseum.sa.gov.au |
| 관련 사진 | |

### 2017. 2. 24. (금)

**여행 14일차**

호주 → 말레이시아 쿠알라룸푸르 공항
→ KLCC(쿠알라룸푸르 시티 센터) → 지오쿠알라룸푸르 호텔

    호주에서의 마지막 일정이라는 긴장감에 밤새 잠을 푹 자지 못해 머리가 무겁다. 비행기를 놓치면 안 되므로 일찍부터 서둘러 공항에 가야 한다. 물론 당장의 앞일도 어떻게 될지 모르는 상황이므로 공항에 무사히 가기만을 빌 뿐이다. 한편으론 예전에 스페인 바르셀로나에서 한국에 올 때의 악몽이 떠올랐다. 스페인에서 출발하는 비행기가 오늘처럼 이른 아침이었는데 우리는 그때 지하철을 타고 이동할 계획을 세웠다. 그런데 하필이면 그날 스페인 지하철이 파업을 해서 모든 대중교통수단이 엉망이었다. 그래서 숙소 주인에게 부탁하여 주인의 자가용을 타고 공항에 급하게 갔던 적이 있었다. 그런데 그때 지하철이 파업한다는 사실을 우리만 몰랐다. 택시도 안 잡히고 모든 도로에 자가용이 나와서 공항 가는 길이 꽉 막혀 만만치 않았다. 다행히 늦지 않게 공항에 도착했지만 지금 생각해도 식은땀이 흐르는 기억으로 남아 있다. 하지만 그때와 달리 호주의 택시기사님은 정시에 도착하였고 여유 있게 공항에 도착하였다.

아이들은 졸린지 공항에 도착 때까지 차 안에서 계속 하품을 한다. 공항에서 내려 우리 항공사의 카운터를 찾아 항공권 발권을 하고 짐을 부쳤다. 비행기를 타는 곳은 20번 게이트로 멀리 떨어져 있어서 면세점에서 간단히 윈도쇼핑을 한 후 비행기에 탑승하였다. 이른 아침 비행기라 약 6시간 정도 비행 후 점심시간이 좀 지나서 말레이시아에 도착한다. 드디어 비행기는 활주로를 빠르게 달려서 벌써 호주의 상공에 도착한다. 우리가 여행했었던 애들레이드 도시가 저 아래 아주 작게 보인다. 우리가 일주일 이상을 여행했던 곳을 위에서 바라보니 굉장히 작게 보인다. 아침 일찍 서둘러 비행기를 무사히 탈 수 있었음에 감사하다. 이제 말레이시아만 잘 도착하면 된다. 잠시 후 기내식이 나왔고 식사 후 영화를 보았다. 한참 동안 바다가 보이더니 이제 열대우림이 보이기 시작한다.

그리고 호주보다 더 더운 느낌이 든다. 드디어 쿠알라룸푸르에 안전하게 도착하였다. 공항 직원들의 분위기가 예전과 달리 무표정하고 감시하는 분위기인 것 같다. 얼마 전 김정남 독살사건이 있어서인지 분위기가 좋지 않다. 우리는 여권을 검사 후 짐을 찾기 위해 지하 트램을 타고 반대쪽으로 이동하였다.

　짐을 찾고 택시를 타고 1시간 거리에 위치한 지오 쿠알라룸푸르 호텔에 가기로 했다. 하늘에는 구름이 좀 있지만 덥다는 것이 느껴진다. 한참을 달려서 고속도로의 요금소를 통과하자 대도시의 중심으로 이동한다고 느껴질 만큼 교통체증이 심하다. 갑자기 소나기가 내리며 벼락이 친다. 열대지역에서 주로 나타나는 스콜이다. 친절하게도 기사님은 호텔의 입구까지 도착하여 짐을 내려 주신다. 혹시나 해서 내일 공항에 갈 때도 이용하기 위해 연락처를 받았다. 이 숙소를 택한 이유는 시내관광을 하기에 적당한 위치이고 지하철과 거리가 매우 가깝고 무료 버스를 타기에 적당한 위치에 있기 때문이다. 체크인을 한 후 201, 202호의 방을 배정받았다. 처음에는 몰랐는데 짐을 정리하는데 옆방에서 조카 목소리가 너무 생생하게 들린다. 방음이 잘 안 되는 숙소인가 했더니 방 사이에 작은 문이 있었고 그 문을 여는 순간 조카가 보였다.

방끼리 서로 이동을 할 수 있다는 것이 신기하고 편리했다.

숙소를 나와서 지하철 타는 곳으로 이동하여 KLCC역에서 하차하였다. 우리의 지하철처럼 사람들이 많았다. KLCC역은 대형 쇼핑몰로 유명하다.

쿠알라룸푸르의 유명한 건축물인 KLCC는 아래에서 올려볼 때 건축물이 인상적이며 장관이다. 또한 건물 앞에서 펼쳐지는 분수 쇼도 인상적이다.

다시 숙소로 돌아와서 내일 갈 짐을 정리하고 잠을 청하였다.

## 2017. 2. 25. (토)

여행 15일차
부킷빈탕(쇼핑센터) → 공항

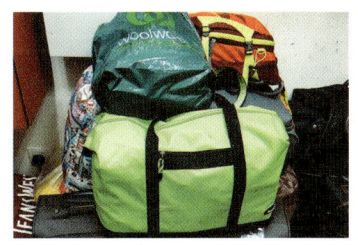

　오늘은 비행기를 타고 드디어 나의 조국 대한민국으로 가는 날이다. 돌아갈 곳이 있다는 것에 안도감이 들며 설렌다. 아이들도 이 상황과 느낌을 아는지 일찍 일어나서 서두른다. 일단 우리의 계획대로라면 짐을 로비에 맡겨두고 시내관광을 한 후 짐을 찾아서 공항으로 이동하여 밤 비행기로 떠나는 것이다. 스탑오버 항공권의 최대 장점으로 이와 같이 주요 도시를 경유하면 저렴하게 관광을 할 수 있다. 물론 체력이 고갈된 경우에는 돌아다니는 것이 어려울 수 있겠지만 우리 가족들은 아직도 에너지가 남은 것 같다. 오늘은 날씨가 아주 흐린 것이 곧 소나기도 올 것 같다.

일단, 체크아웃을 하고 무료시티버스를 활용하여 부킷빈탕에 있는 쇼핑센터로 갔다. 아침을 먹고 도쿄스트리트에서 쇼핑을 하였다. 쿠알라룸푸르에 온다면 이곳을 꼭 들르라고 추천하고 싶다.

일단, 먹거리와 구경거리가 다양하고, 저렴하게 쇼핑을 즐길 수 있다. 말레이시아의 화폐가치 때문에 우리나라보다 전자기기나 물건들이 대체로 저렴하였다. 오늘은 건물 안에만 있어서 잘 몰랐는데 건물 밖에는 엄청난 소나기가 쏟아지고 있었다.

우리는 서둘러 버스를 타고 다시 숙소로 와서 짐을 찾았다. 다행히도 짐은 모두 무사히 있었다.

약 40분을 달려 공항에 도착하였다. 약간의 시간적 여유가 있어서 아내와 나는 택스리펀을 했다. 집에 가져가면 결국은 굴러다니는 기념품으로 전락할 수 있기에 돈을 다 모아서 간식을 사 먹었다. 항공권 발권을 하고 짐을 부친 뒤 출국심사를 마친 후 C26번 게이트로 이동하였다.

밤 10시 10분이 넘어서야 게이트가 열리고 탑승이 가능했다. 드디어 C26번에서 줄을 서고 다시 짐 검사를 하고 비행기 안으로 들어갔다. 우리가 자고 일어나면 내일 이른 아침에 인천공항에 도착해 있을 것이다. 여행을 하며 아이들과 약간의 불협화음도 있었지만 가족구성원 모두 무사히 여행을 마칠 수 있었던 것에 감사할 따름이다. 지금은 아이들이 아직 중학생이라 잘 모르겠지만, 여행은 어디를 가는 것도 중요하지만 때론 누구와 함께하느냐가 더 중요할 때도 있다. 특히 세상에서 가장 소중한 사람은 가족이므로 가족들과 함께하는 여행은 더욱 의미가 깊다고 생각한다. 아이들이 커서 어른이 되었을 때도 이 여행을 추억할지는 모르겠지만 이 책을 보면서 다시 한 번 의미 있는 추억여행을 하기 바란다.

## 2017. 2. 26. (일)

여행 15일차

    드디어 인천공항에 곧 착륙한다는 안내 방송에 눈을 뜬다. 편하게 잠을 자지는 못했지만 저 아래 보이는 인천공항을 보니 갑자기 뭉클해지고 설렌다. 한국은 역시 한겨울이라 온 세상이 하얗다. 준비해 두었던 바람막이와 점퍼 등을 입고 내리기로 했다. 모두들 초췌하지만 환한 미소로 비행기에서 내린다. 누나네 식구와 아침을 간단히 한 후 누나는 울산행 KTX를 탔고, 우리 가족은 열차를 타고 천안아산역에서 내리기로 하였다.

    우리가족 모두 함께, 안전하게 돌아온 것을 정말 감사하게 생각한다.

호주
애들레이드 편

part 3

# 여행 마무리하기

## 여행 후 결산내역

외식비·교통비·체험비를 줄였다(대형마트에서 주로 장을 보아서 직접 해 먹거나 점심은 피크닉 가든에서 아침에 준비한 도시락을 주로 활용. 기름값은 우리나라보다 저렴하고 도심에서는 무료 교통수단인 트램이나 버스를 주로 이용).

→ 대략 11,574,200원(1인당 193만 원)
(1) 교통관련 총 경비: 약 797만 원
(2) 식사비: 약 70만 원
(3) 숙박비: 약 220만 원
(4) 체험비 및 입장료: 약 50만 원
(5) 보험료: 54,200원
(6) 기타 잡비: 약 15만 원

# epilogue

　이 책의 처음에 밝힌 바와 같이 여행이란 단어 자체가 우리 가족 모두에게는 설렘이고, 도전이며, 삶의 활력소다. 특히 교통, 자연환경, 문화 등이 우리나라와 다르고 낯선 이국땅에서의 운전이 두렵고 어려웠지만 가족 모두와 함께 안전하게 여행을 할 수 있어서 감사하고 행복했다. 실제로 걱정했던 것처럼 최악의 경우가 일어날 수도 있지만, 확률적으로 그리 크지 않다는 것에 의미를 두고 좌충우돌의 렌터카 여행을 시작했는데, 잘 마무리되어서 다행스럽게 생각한다. 이번 여행에서 우리 가족의 발이 되어 준 렌터카는 단순한 이동수단이 아니라 우리 가족들의 든든한 바람막이이자 우리 가족의 대화, 쉼터의 공간으로서 또 하나의 집과도 같은 애틋한 공간이었다. 차량 운전과 동선을 치밀하게 계획한 후에 여행을 떠나도 예기치 못한 시행착오는 있기 마련이지만 힘들지라도 이 또한 좋은 경험이고 추억이다. 아직 못 가본 나라가 많고, 호주는 3번이나 다녀왔음에도 또 가고 싶을 정도로 호주를 사랑하는 것 같다.

　나의 버킷리스트 중 하나인 '여행기' 쓰기는 그 과정이 쉽지 않았고, 아직도 많이 부족하다. 아쉬움이 남지만 이 또한 도전이며 가족들과의 추억거리를 남길 수 있다는 점에선 행복이라고 생각한다. 이번 여행 실행에 있어 결정적인 모티브가 되어준 한비야의 책《한비야의 중국견문록》의 〈오늘이 없으면 내일도 없다〉에서 가장 기억에 남는 문구가 있어 소개하고자 한다.

"우리가 가진 것은 오늘뿐이다. 지금 손에 가지고 있는 것을 고마워하자. 그리고 그것을 충분히 누리고 즐기자."

여행을 떠나기 전에 여러 가지 고민이 들긴 했지만 결심을 했다. 여행을 미루기보다는 소중한 보물인 가족들과 함께하는 시간들이 더 중요하다고 생각했기에 떠나기로 마음을 먹었고 지금도 그 순간을 후회하지 않는다.

그리고 누군가가 나에게
지금 해보고 싶은 것을 물어본다면
가족들과 낯선 곳으로 떠나는
배낭여행이라고 답할 것이다.
여행은 많은 것을 생각해 보게 하고,
또한 깨달음, 내려놓기, 여유,
삶의 방향도 제시해 준다.

행복이 다른 어떤 것을 위한 수단이 아니라
그 자체로 추구하는 삶의 목적이듯이
여행을 통해 또 하나의 행복을 느낄 수 있어서 참 좋았다.

# 기타 부록

여행준비물
체크리스트

| 여권 | | 호주달러 | | 여권 사진 여분 | | 신용카드 | |
|---|---|---|---|---|---|---|---|
| 크로스 가방 | | 필기도구, 수첩 | | 카메라 | | 여권사본 | |
| 칫솔 | | 우산 | | 슬리퍼 | | 모자 | |
| 치약 | | 선크림 | | 선글라스 | | 빗 | |
| 면도기 | | 헤어드라이기 | | 화장품 | | 지퍼백, 비닐봉투 | |
| 손톱깎이 | | 귀이개 | | 전자손목시계 | | 휴대폰 충전기 | |
| 멀티어댑터 | | 항공권 | | 숙소 바우처 | | 비누 | |
| 샴푸 | | 속옷 | | 김 | | 햇반 | |
| 라면 | | 처방전 | | 감기약 | | 위장약 | |
| 후시딘 | | 대일밴드 | | 국제운전면허증 | | 국내운전면허증 | |
| 여행책자 | | 셀카봉 | | 건전지 | | 손전등 | |
| 생리대 | | 손수건 | | 바람막이 | | 자물쇠 | |
| 아이스박스 | | 숟가락 | | 젓가락 | | 쿠킹호일 | |
| 수영복 | | 쿨토시 | | 머플러 | | 식탁보 | |
| 목 베개 | | 아이스팩 | | 이어폰 | | 활동책자 | |
| 쌍안경 | | 차량용 충전케이블 | | 전자 모기향 | | 지갑 | |

186 경제적이고 호기심 많은 가족의 렌터카 여행기

## 내가 직접 관리한 준비물

여권, 여권사본, 항공권, 국제운전면허증, 신용카드, 수첩, 필기구, 카메라, 현금(현금은 각자 나누어서 갖도록 하였다).

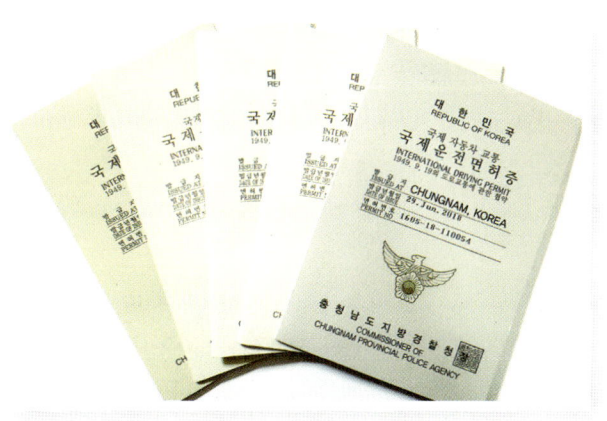

 **경제적인 여행을 위한 여행 Tip!**

### 1. 현지에 있는 인포메이션 센터를 적극 활용하라

관광지에 관한 생생한 정보와 지도 및 안내 책자를 무료로 얻을 수 있다. 인포메이션 센터에서 얻은 정보를 통해 그 나라의 교통규칙 및 문화를 충분히 이해하고, 도로, 기상 상태 등을 확인한 후 여행에 참고한다.

### 2. 대략적인 여행루트가 정해진다면 렌터카, 철도예약, 항공기 예약은 서둘러라

렌터카의 사전 예약(렌트사의 웹사이트에 접속하여 직접 예약, 허츠코리아(1600-2288), 허츠 렌터카의 공식 에이전시를 통한 예약), 예약은 픽업 24시간 전까지 가능하지만 일찍 할수록 좋다. 임박해서 예약하면 원하는 차종이 없거나 요금이 비싸질 수 있기 때문이다. 현지 영업소에서 업그레이드 권유를 하는 경우 무상이 아니라 유상이며, 영수증이나 서류에 서명하는 것은 신중해야 한다.

### 3. 항공기는 국적기가 아닌 외국비행기, 스탑오버티켓을 활용하라

누군가가 국적기가 아닌 외국비행기를 타는 것과 어느 곳을 경유하여 환승하는 경우 그리고 어느 도시를 잠시 들렀다가 관광 후 다시 타는 경우 이 모두가 복잡하고 두렵게 느껴지는 사람들이 있겠지만 결론부터 말하면 두려워할 것은 없다. 처음에는 낯설고 어렵겠지만 사람 사는 곳은 어디를 가나 다 똑같다는 결론이다. 공항에서 잘 모르면 물어보면 되고 언어가 잘 안 되면 보디랭귀지나 티켓을 보여주거나 스마트폰을 활용하면 된다. 모든 사람들이 낯설게 느껴질지 모르지만 정서나 문화에는 큰 차이가 없다. 예를 들자면 길거리에서 어린아이들이 떼쓰는 경우나 연인들끼리 사랑을 나누거나, 화내며 소리치는 경우 모두 우리가 공감할 수 있는 감정과 표현들이다.

### 4. 현지공항에서 Tax Refund 하라
시간적 여유가 있다면 공항에서 택스리펀 하자. 그러기 위해서는 여행 전에 현지공항에서 공항내부 지도, 동선, 방법을 미리 알아두면 유익하다.

### 5. 내비게이션에 목적지 사전 등록 및 구글 좌표를 조사하여 시간을 절약하자
즉, 구글 지도를 통한 목적지의 주소, 좌표 검색 및 내비게이션은 필수품이다. 또한 전체적인 여행루트 소요시간 사전 점검은 꼭 해야 한다.

### 6. 개인블로그 자료를 적극 활용하라
간혹 과거의 정보도 있지만 경험자들의 여행 자료를 읽다 보면 좋은 생각과 나만의 여행 방법을 얻을 수 있다.

### 7. 호주 관광청 자료 및 여행 안내 책자를 활용하라
호주 관광청 홈페이지에는 호주에 관한 다양하고 유익한 안내 자료가 있으며 인쇄물로도 받아 볼 수 있다.

### 8. 유용한 어플은 미리 다운받아 현지에서 적극 활용하라
호주의 기상 상태나 온라인 뉴스를 실시간으로 알려주는 어플을 활용하면 안전사고 예방에 도움이 된다.

## 외교부 및 긴급전화

- 남호주 애들레이드 한인회 +61 419 419 113
- 남호주 애들레이드영사 협력원 +61 403 701 186
- 주호주대사관 연락처 +61 2 6270 4100
  [당직 전화: +61 408 815 922(사고 등 위급한 상황 발생 시)]
- 언어에 애로가 있는 경우에는 '131-450'(전화통역 서비스)에 먼저 전화하여 경찰이나 병원 지원을 요청
- 구급차 9281 0000
- 앰뷸런스 13 1233
- 사건사고 긴급전화번호 0422-942-932